ちくま学芸文庫

文章表現　四〇〇字からのレッスン

梅田卓夫

筑摩書房

目次

第4章　文章は〈断片〉によって輝く1——メモ論——　115

第8章　〝なにか捉えられないもの〟――レッスン「学園の断片」――　231

文章表現　四〇〇字からのレッスン

凡例

1　本書は、一九九八、一九九九年度に愛知淑徳大学および愛知淑徳短期大学において行った文章表現講義をもとにして、一般読者のために書き下ろしたものである。

2　本文中のレッスンのテーマは、著者が清水良典・服部左右一・松川由博の各氏との共同研究によって実践してきたものを基本としつつ、大学の実情に合わせて変更を加えたものである。

3　引用した学生作品の作者の所属と学年は制作当時のものであり、略記の意味はつぎのとおりである。

国文＝愛知淑徳大学文学部国文学科国文学コース
言文＝愛知淑徳大学文学部国文学科言語文化コース
文芸＝愛知淑徳短期大学文芸学科
生活＝愛知淑徳短期大学生活科学科
英米＝愛知淑徳短期大学英米語学科

第1章　文章表現入門——自分にしか書けないことを書く

1　かけがえのない〈私〉の表現

創造的な文章をめざして

――「そろそろ始めましょうか」。

思えば、いつもこのことばで講義をはじめていた。話していたり、書きものをしていた学生たちが徐々に目をこちらへ向けてくる。教室の中のあの空気が私は好きだ。時計を懐から出して机上に置き、ノートをひろげる。窓からの光にも、その日その季節に応じた差異がある。この学園の日差しをいつかふり返るときがあるかもしれない、とこころの中では感じながら、ふたたび教室を見渡して、今日の内容へ入る。本書でも、あの教室の語りを基本にしながら叙述をすすめることにしよう。――

この講義の標題は「文章表現」となっています。みなさんに創造的なよい文章を書くようになってもらうために、実習と講義をくり返していくのが内容です。実際に文章を書いてみて、その過程をふり返り、自分の言語観や文章観を鍛え直して、さらによい文章を書くために生かしていく。ときには技法をとり上げることもあるだろうし、また他の人がどんな文章を書いたかを知ることによって、そこから学んでもらうこともあるだろうと思います。

とり上げる事項はすべての文章表現に共通することがらです。したがって一般に行われている文章のジャンル（詩とか小説とか評論とか）のどれか一つを追究し書き方を習得するということに主目的を置きません。文章の練習とは、いわゆるフォーマットの習得のことではありません。ここではジャンルを超えた、すべての文章に共通する、創造的表現の基本事項にとり組みます。およそ人間が言語表現をしようとするときに遭遇する、さまざまな課題・のりこえる手順・達成感などを、体験的に会得してもらうことに重点を置くわけです。

よい文章とは何か

この講義では、「よい文章」をひとまず次のように定義して出発します。

よい文章とは、

①自分にしか書けないことを
②だれにもわかるように書く

ということを実現している文章。

これからみなさんはいくつかの短い文章を書くことになりますが、常にこころがけてほしいのはこのことです。

私たちは、日々人間として生きていますが、生きていることの喜びの根底にあるのは、自分がこの世にかけがえのないものとして存在するという自覚です。まず本人が自覚する。それから他人にもわかってもらう。そのとき私たちは喜びと充実感を持つことができる。文章表現の意味もここにあるのです。

書くことは本来楽しい

みなさんの中には、文章を書くことは苦手だとか、好きじゃない、という人もあると思います。また、書くことは好きだ、得意だ、という人もあるでしょう。どちらに属するにしても、自分の抱いている感想を、右の「よい文章」の条件に照らし合わせてみてください。

今までに①と②の両方を満たす文章を何度か書いたという実感を持つ人は、文章を書くことは好きだ、得意だ、という感想を抱いておられることでしょう。「自分にしか書けないこと」というあなたの個性が、「だれにも」という他者に認められることは、快感であり、楽しいことなのです。

「自分にしか書けないこと」を見つける楽しみ、それを「だれにもわかるように」伝えることのできる喜び。努力は要るし、苦労もありますが、それらはでき上がったときの達成感によって十分に報われるものです。

〝悪文〟、〝駄文〟、〝誤文〟

では「よくない文章」とはどんなものだろうか。ここで少しだけ考えておくことにします。一言でいえば、右の①、②の条件のうち、一つないし両方を満たしていない文章のことです。
①、②にはそれぞれ逆が考えられるので、それらを組み合わせると、論理的（?）には次の三通りの型があり得ることになります。

Ａ　だれでも書くようなことを、だれにもわかるように書いた文章↓〝駄文〟？

Ｂ　自分にしか書けないことを、自分だけにわかるように書いた文章↓〝悪文〟？

Ｃ　だれでも書くようなことを、自分だけにわかるように書いた文章↓〝誤文〟？

いかがですか。Ｂ、Ｃについては「そんな極端なことを、ジョーダンでしょう？」といわれそうです。確かに百パーセントこのままの文章はないかもしれません。しかし、重心がどこにかかっているかを見れば、これらは世の中に多くある悪い文章のパターンでもあるのです。添え書きした〝駄文〟、〝悪文〟、〝誤文〟という批評語は、わかりやすくするために思いつきで仮に付けてみたものです。必ずしも当たっているとはいえないかもしれません。

文章表現の立場から見ると、Ｂの〝悪文〟というのは、一概に否定されるものでもないのです。みなさんも「よい文章」をめざして試行錯誤を経験してみればわかることですが、創造的な文章の制作過程では、往々にしてここにいう〝悪文〟の段階を経なければならないことがあるからです。むしろ、そうしたほうがすぐれた作品になる場合だってあるといえるでしょう。Ｃについても、同様のことがいえます。文体とか叙述とかいうことに意を注いでいると、Ｃと区別がつかないところへ陥ってしまいそうになることだってあるでしょう。制作過程では、そのような試行錯誤が、むしろ必要なのです。

平凡な文章

文章表現の立場からみると、真に問題なのは前項A、B、Cのうちではaです。これは、他の二つに比べて、誤りもないし、比較的マシなように見える。世の中には、多くは望まない、これさえできればいい、という考え方もあるくらいです。しかしこのような文章ばかり書いて（書かされて）いると、文章を書くことが嫌いになる。楽しくなってくる。どうしても書かなければならないときには、自分の頭（ことば）で考えることをやめて、原稿用紙のマス目を埋めることだけを考える。レポート用紙の枚数を稼ぐことだけを考える。字数を稼ぐための手っとり早い方法は、他人のことば・他人の文章を借りてくることですね。小学校以来提出してきた読書感想文をはじめとして、ただ字数を稼ぐことだけのために他人のことばやありきたりのことばをくり返して継ぎ足してきた経験は多くの人が持っていることでしょう。

なぜそのようなことが起こるのか。努力がたりなかったのか。アタリ！（と言ってしまっては何も始まらない）たしかにそれもあるでしょう。

しかし、文字を覚えたり、送りがなや表記法を覚えたりすること、すなわちひと通り日本語の文章が書けるようになることと、「自分にしか書けないこと」をことばによって捉えることとの間には、想像以上の隔たりがあるのです。

「私は語彙が貧しいから」ということを理由にする人もある。それなら、単語をどんどん暗記していったら、よい文章が書けるようになるだろうか。問題は別でしょう。日常会話が普通にできる人ならば、語彙の多少はそれほど問題ではないのです。熟語も多く知っており、漢字も人並以上に書ける人が平凡な文章しか作れないというケースは珍しくないでしょう？　逆に、まだ語彙も貧しい幼児やこどもが豊かで創造的な表現によって大人を驚かせるケースもしばしば経験することです。


――四月に学生たちに配布される『授業概要』（シラバス）というものがあります。そこに私は次のように書きました。

「文章表現の目標を〈自分にしか書けないことを、誰にもわかるように書く〉ことに置き、ジャンル（詩・小説・評論……）のワクを越えたすべての言語表現に共通する基本事項を学習する。作品実作の過程で、受講者が自らの言語観・文章観を検討しつつ、より自由で科学的な方法と理論を習得することをめざす。」――

「自分にしか書けないこと」をあなたのことばによって捉えるには、どうしたらよいか。その方法と、手応えを実際の文章を書いてみる中で体得してもらうのが、この講義の主要目的です。

2　四〇〇字からはじめる

短さの魅力

本を手にしたとき「あとがき」から読む、という人は多いようです。新聞もコラムはまいにち読む、という人がけっこう多い。理由はそれぞれにあるのでしょうが、共通していることは、それらが〈短い〉ということでしょう。

短い文章は、読み手の立場からすれば、

・時間を取られずに済む。
・疲れない。
・まとまった情報が得られる。

といったメリットが挙げられるでしょう。いろいろなメディアが錯綜し氾濫している現代にあっては、これは重要なことです。テレビをかけて、食事をしながら、片手に新聞を持ち、家族と打ち合わせをするというような朝の光景は、漫画でなくて一般的な現実になっています。短い文章は、さらに、少しの時間の中でも、

・読み終わって考えることができる。
・くり返して読むことができる。

というメリットを持っています。つまり、作者と読者の交感という、文章に本来備わっている機能が発揮される時間・空間をコンパクトに成立させるわけです。「あとがき」を読むことで、私たちは読書の楽しみのいわば〈ひな形〉を味わい、次にくる大きな楽しみに期待をつなぐのです。

本書で、課題としても例文としても、短い文章を多くとり上げているのには、実は文章表現に関わる本質的な意味があります。それは「文章のルーツは〈断片〉にあり」という考え方です。しかし、そのことについては、あとでくわしくのべることにして（第4章、第7章など）、ここではひとまず「とりつき易さ」という点に注目しておきましょう。

『街頭の断想』という本

思い出をすこし述べます。私はここ二十年ほど文章表現の理論化と実践に携わってきましたが、それ以前からいわゆる現代詩の実作を続けていました。それら詩作品は私の場合、散文詩が大半を占めています。散文詩とはなにか、という議論は別として、文章表現の講座や教室で〈短い文章〉に私が人一倍こだわることの根拠《ルーツ》はこのあたりにあるのかもしれません。

文章表現に関わり始めたころ、「朝日新聞」のコラムで『街頭の断想』（共同通信社）という一冊の本が紹介されているのを読みました。各界で活躍している人々五十六人（必ずしも文章の専門家ばかりではない）に、四〇〇字の文章を一人一編ずつ書いてもらい、パネルにして地下鉄千代田線・明治神宮前駅のプラットフォームに六編ずつ数年間にわたって掲示した、それを集めてできた本です。場所はある時期から新宿センタービル地下一階・水の広場に移っていますが、どちらにしても、忙しい現代人がふと立ち止まる場所——そこに掲示された四〇〇字の文章というのがこころにとまり、書店へ注文しました。

たとえばこんな文章が載っています。

電話

窓を開ける。陽光《ひかり》が溢れる。変哲もない一日が始まる。この区切りもない棒状の文脈に、不意に電話のベルが不規則な律動《リズム》を付け加える。黒いビニール・コードで被覆された線《ライン》の覚束なげな接触をとおして齎らされるものは、確かな死の告知である。

陽光《ひかり》で満たされた部屋に、真空の亀裂が太陽の黒点のように存在しはじめる。

だが、生に韻律をあたえるのは、実はこのような、不意の電話であるのだ。静寂が支配する部屋に、感覚では捉え難い超越的な意識の海が、光の飛沫となって充溢するのを感じる。

この世界に、この部屋に、死によって明瞭に縁どられた生の形容《かたち》である私は、電話の声に耳を傾ける。

武満徹（作曲家）『街頭の断想』共同通信社より

これは収録作品の中でも難解な方に属するものです。難解さも含めてきわめて個性的な文章です。あの実験的な音楽を作った武満徹が、文章作品を作るとこうなるのか、となんとなく納得できる感じです。「ケータイ」のなかった頃の文章ですが、ここで述べられている電話の本質は今も変わりません。

他の筆者もそれぞれ四〇〇字の〝競演〟をしていて興味深く読むことができます。こんな文章はいかがでしょう。

埋めあわせ　シェイクスピア風

遊びには何事によらず、それぞれ約束事があって、それを知らないと、とんだことになる。初めて芝居というものを見た軍人が、ついカッとなって、舞台にいるオセロウ将軍の卑劣きわまる部下を客席から銃で撃った。死んだのはむろんイヤアゴウではなく、俳優だった。我に返った軍人は、すぐにもう一度引金をひいたという。

十九世紀のイギリスの実話だが、後半が少々怪しい。記事によると、二人とも身寄りがなかったので、一同相談の結果、並べて埋葬した由。一言いっておこうと、墓碑銘をつくった。いわく——

奇シクモメグリ遇イテ
安ラカニココニ眠ル
理想ノ俳優ト
理想ノ観客

芥川比呂志（演出家）『街頭の断想』

四〇〇字で十分なのだ。少なくとも読みごたえのある作品世界を作ることができる。この本を手にして以来、私は次第にそう考えるようになっていました。

四〇〇字を吟味して書く

いうまでもなく四〇〇字という字数は原稿用紙にもとづいています。原稿用紙（B4判・四〇〇字）のあの独特の様式は、江戸時代以前の和綴じ本の版木の型をもとにしています。明治以降活版印刷が盛んになった頃から、次第に、日本語の文章は四〇〇字詰め原稿用紙に書かれ、その枚数をもって文章の長さを表すようになってきました。四〇〇字という字数は、日本語の文章の基本単位といってもよいでしょう。

ワープロ・コンピュータ時代になってこの習慣は変化していますが、手書きをする場合には原稿用紙が用いられるし、また一番便利です。この講義でも、みなさんに書いてもらう文章は、原則として原稿用紙を使います。

といっても原稿用紙の使い方や表記法を学ぶわけではありません。ここで原稿用紙を使うのはなによりも、書きながら自分の位置を知るためです。書こうとする〈世界〉をあらかじめ四〇〇字という〈空間〉として設定する。その中へ文字（ことば）をセットして文章（作品）を構築していく。あいまいな思考とダラダラとした表現ではたちまち破綻をきたします。ここでの四〇〇字は長い文章の単なる通過点としての四〇〇字ではないのです。たとえば五行目まで書き進んだとします。すでに自分は文章全体の四分の一の位置にいるのだということを書きながら確認する。そのために原稿用紙（マス目）が必要なのです。予定の字数に納まらないことが見えてくる場合もあるでしょう。どこを削るか、どの表現を変えるか、あるいはまたどういう語をどこに挿入するか、……設定した空間の中でそういった手続きのあれこれを実体験するのに、四〇〇字は最小限の長さであり、広さなのです。この制限が文章に深さをもたらします。

四〇〇字の文章に課題作品としてくり返しとり組むことは、あなたの文章とことばに関する感覚を飛躍的に鋭くすることでしょう。

――本書の第2章以下に設けたテーマは四〇〇字を基準にしていますが、中にはそれより少ない字数のレッスン、および六〇〇字のレッスンを含んでいます。大学で行っている実際の講義では平常の作品を四〇〇字、定期テストの課題作品を六〇〇字として課してきました。

手書きの場合は下書きも原稿用紙に

ワープロを使用する場合には、カーソルの位置で、書き進めつつある文中での自分の現在位置を知ることができる。書きながらも、またいったん書き終わってからも、部分の削除・挿入・移動が容易にできるし、そのような訂正や変更を加えても推敲の跡が残らないという利点（これは時には欠点にもなる）を持っています。

手書きの場合は、下書きの段階から原稿用紙を使いましょう。「原稿用紙に向かうと手が萎縮してしまう」という話をよく聞きますが、それは原稿用紙のせいではないのです。小学校以来の読書感想文等、作文教育の悪しき思い出が、象徴的に原稿用紙という対象に消えがたく染みついているわけです。大人（先生）に気に入られるような〝立派なこと〟を書かなければならないプレッシャー。それに比べて自分の考えることのみじめな貧弱さ。

こどもながらにそういうことを感じていたのです。

真っ白な原稿用紙に失敗しないようにいきなり完成作品としての文章を書きつけることなど、神技でもなければできるわけがないのです。

文章を書こうとすれば、だれでもはじめは多少とも緊張するものです。したがって書き出しからしばらくの間は〈手探り〉の状態がつづきます。失敗してもいい、というより、失敗するのが当り前なのです。これはワープロを使う場合も同じです。

自分の位置を常に自覚しながら書きすすめるために、下書きの段階から原稿用紙を使いましょう。手書きで文章を作るのなら、原稿用紙を避けてとおるわけにはいきません。慣れてしまえば非常に便利な味方になってくれます。

3　書かれた文章は〈作品〉である

いわゆる「例文」について

『文章作法』とか『文章読本』とか『――の書き方』というような題のついた本を見ていると、当然のことながら中に教材としての例文（引用文）が出てきます。その例文には二種類あって、

①高名な作家や学者の書いたすぐれた文章
②無名の素人が書いたダメな文章

図式的にいうと、おおむねそうなっています。①には作者名が当然のことながら添えられていますが、②の文章の場合、作者名は伏せられているか、形ばかりのイニシャルが添えられることが多い。そして、ここがダメだ、あそこがダメだ、こうした方がよくなる、

といじくりまわされ、最後に著者によって手直しされた結果としての〝模範文〟が示されて一件は落着するというわけです。

私は常々このやり方に疑問を抱いてきました。なぜなら、そうして手直しされた結果の〝模範文〟がさっぱり魅力的ではないのです。はじめからその程度の文章を書かせるつもりだったのか、というのが疑問の第一です。

それだけではありません。欠陥を多く持つ〝ダメな〟文章の例として引用するのだから、作者名は匿名にする。一見あたたかい〝配慮〟のように思わせるこのやり方のうちに、国語教育・作文教育の歴史の中に根づいてきた、一種の差別意識が顔をのぞかせていると見るからです。

名文崇拝にひそむ差別意識

「世の中には〝名文〟と呼ばれるものがある。練達の書き手が残した〝奇跡的な〟文章である。このような文章は初心者にはとうてい無理だけれども、せめてそれを模範にして、それなりの文章が書けるようになろう」というのが名文崇拝主義です。「ついてはここに、ある人の書いた(と匿名がきます)ダメな文章がある。どこを直したら〝名文〟に近づけるか考えてみよう」ということばが続くでしょう。

このような文章指導は、明治以降現在にいたるまで行われてきました。学者や詩人・小説家の文章を〝名文〟として神格化することによって、初心者や一般人の文章を無言のうちにおとしめるのです。神格化のために並み並みならぬ努力が強調されます。高名な作家が文章作法修得のためにはらった努力が伝説化されます。「文は人なり」とか「文章に全人格を賭ける」「全身全霊をかたむける」などという大げさなことばが使われるようになります。

文章と作者その人との混同がおこり、すぐれた文章を書くためには立派な人にならなければならない、人格を研《みが》いて初めて立派な文章が書けるといいふらされます。文章を学ぶことが、「文章修行」とか「文章道」とか「修練」などという、まるで仏道修行のようなことばで表されてきました。

こうして、多くの初心者が脱落していき、それでも残った少数者がやがて〝名文〟の書き手として君臨するようになるわけです。永年、このような図式が支配してきました。でも現在は少しずつ崩れはじめています。文章はもう選ばれた少数者のものではないからです。

文章を学ぼうとする人は、このような一面だけを極端に強調するウサンくさい言辞にまどわされず、ことばのありのままを直視できる目を養う必要があります。

さきに述べた①②についても、

①′作家や学者などのプロの書いたダメな文章
②′素人が書いたすぐれた文章

というものについても考えてみましょう。それらに出会ったときには過不足なく評価できる目を持ちたいものです。

文章と人格は別物

俗に「ことばではなんとでもいえる」といういい方があります。あまりよい意味ではなく、ことばの発し手に対する倫理的な不信や疑いを表すことばです。ここには、ことば(＝文章)と人格は一致する、あるいは、一致しなければならない、という暗黙の前提がありますま。その前提を可能にしているのが、ことばに対する倫理的な思考法です。

しかしこの〈倫理的〉というカセを取り払って考えれば、「ことばではなんとでもいえる」、これほど端的にわかりやすく、ことばというものの本質を捉えたいい方はほかに見あたりません。

私たちは、見たり感じたりしたことを誰かに伝えるために、ことばで話したり書いたりしますが、「見たこと」「思ったこと」のすべてをことばにするわけではありません。故意に、あるいは、無意識のうちにいわないでおくこともあるし、また、一つのことを隠すために別のことをいうことだってあるのです。文章も同じです。

私たちが書く文章は、本人が自分を他者に向かって〈このように見せたい〉というフィルターにかけて選択した、結果としてのことば（表現）なのです。「赤裸々な懺悔」「涙ながらの告白」などと呼ばれるものも例外ではありません。そこでのことばは、発し手の隠し持っている「人格」そのものではないのです。本人によって「ここまでは話してもよい」と選り分けられ採択された結果なのです。

人間が日々生活の中で行っているすべての言語活動をありのままに眺めるとき、そこにはまさに「ことばではなんとでもいえる」のさまざまなヴァリエーションを見ることができます。〈文章表現〉は、その人間の言語活動の一領域です。

〈作品〉の意識を持つ

「ことばではなんとでもいえる」。だからことばはおもしろいし、文章は楽しいのです。ことばの持つこの特質によって、私たちは表現者としての自由を保証されます。ことばは〈モノ〉そのものから離れて、ことばだけで存在することができる。目の前にないものについても語ることができる。見たことがない世界についても述べることができる。つまり抽象的思考が可能になるし、フィクションが可能になるのです。「歴史」を語ることができるし、「未来」を語ることができるのです。〈モノ〉〈コト〉から離れているからこそ、幾種類もの「事実」なるものを突き合わせて論争することもできるというわけです。〈人格〉という倫理のカセからも、〈モノ〉そのもののカセからも離れて機能するのが、ことばの本来のあり方です。人間の精神は、この〈ことばの演技性〉の中で自由を獲得します。

ことばで書かれる文章は、「世界」を変形したり切り取ったりして映してはいますが、「世界」そのものではありません。そういう意味で、文章は〈作品〉なのです。本質的には、精神の世界に作り出される〈虚〉の存在です。

「これは事実だ」とことわって述べることがらの中にも、主観・判断・選択・排除・隠蔽・願望・情念……などが忍び込みます。〈モノ〉としての事実のすべてを述べることは不可能です。言語化に際してなんらかの選択が働きます。その意味で、ことばで語られる「事実」はすでにフィクションの要素を含みます。

・文章というものは〈作品〉である。
・作者の人格とは別物であるし、

・内容は事実そのものでもない。

これがこの講義の基本的な立場です。そう考えて、ことばを楽しみ、ことばを観察しながら、これからの文章表現にとり組みましょう。

ソシュールの『講義』に学ぶ

右に述べたような言語観、文章表現についての基本的な考え方を、私なりに確認するに至ったきっかけは、言語学者ソシュールのことばに対する捉え方でした。彼ほど国家的・民族的偏見や倫理的感傷から離れて、ありのままに（＝科学的に）ことばを観察し考えた人を私は知りません。『一般言語学講義』の中で彼は言っています。

「言語記号が結ぶのは、ものと名前ではなくて、概念と聴覚映像である」（小林英夫訳）と。「概念」は原語で concept、「聴覚映像」は image acoustique。平たくいえば、「りんご」ということばが結びつけるのは、目の前に在るモノとしての〈りんご〉とその〈名前〉ではなくして、〈りんご〉という一般概念と「リンゴ」という一連の音《おん》であるというのです。この音は共通に聞き取られるものならば「アップル」でもいいし、「ポム」でもいい。その結びつきには必然性はない（このことをソシュールは「言語記号は恣意的である」

という有名なことばに集約しています)。

こうして私たちは「リンゴ」という音を聞くと実物がなくても一般概念としての〈りんご〉を思い浮かべるというわけです。ことばは目の前にないものについても語ることができる。ここに、ことば(=文章表現)の自由があるのです(また、「記号の恣意性」によってことばは変化することが可能になる。この変化は、最初のうち、偏見によって〝乱れ〟と非難されることが多い)。

なにはともあれ、私にとってソシュールは、ことばはモノとは切り離して、ことばだけでやり取りできるものであるということの根拠を解明してくれた最初の学者でした。

人類にとって「空気とは何か」を発見するまでには、長い時間がかかり、ときには空気は〈こころ〉〈たましい〉の一種であると考えられた時代もあったように(三宅泰雄『空気の発見』)、〈ことば〉についても、複雑なわりには日常的で誰にも一言発言できるだけに、誤解や偏見から自由であることはむつかしいのです。ことばについて考えるとき、科学的であるとはどういうことか。言語学者だけでなく、文章表現を志す者もソシュールから学ぶことは多いと思います。

〈作品〉は評価を受ける

文章は発表すれば必ずなんらかの評価を受けます。いや、ことばは評価を受けるといってもいい。日常会話や電話でも、あなたのことばは、実は相手の評価を受けているのです。うなずいたり、首をかしげたり、返答にくちごもったり、……。そのつど、相手は、それぞれの場面で、あなたのことばを評価しながら、応対しているのです。そして会話が終了したり、一段落ついたところでは、あなたの一連のことばが、ふたたびトータルのものとして相手の評価を受けるわけです。「楽しかった」とか「もうあの人とは話したくない」とか……。

たとえ一人の読者に宛てた手紙のようなものであっても、相手はその文章を読みながら、いろいろな側面から評価をするものです。まして不特定の読者を想定して発表する文章となれば、どこでどのような読者によって読まれるかわかりません。

しかも評価は読者の都合によってなされます。作者のあなたがどのように思っていようとも、読者の評価は必ずしもあなたの思いに寄り添ってきてくれるとは限らない。文章を書く（そして他者に読んでもらう）と決めたとき、あなたはこの関係の中に身を置くことを覚悟しなければなりません。その中でいろいろ迷ったり、トリックを仕掛けたり、苦しんだり楽しんだりするわけです。

文章表現を学ぶとは、このような不特定の読者のおおかたの評価に耐える文章が書けるようにレッスンを積む、ということにほかなりません。

本書の文例

本書では、それぞれの章のテーマに応じて多くの作品例を示しています。理論を主とする章（第1章・第4章・第7章・第10章）をのぞいて、他の、演習を主とする章での引用文例はほとんど、私の講義「文章表現」を受講した学生たちの作品です。当然のことながら私はそれらの作品に主観的なさまざまの愛着を持っています。いわゆる〝評価〟のために読みながらも、私はうなずいたり、笑ったり、感心させられたり、いつも楽しませてもらっていました。このまま埋もれさせてしまうのは、もったいない、なんらかの方法で、教室の外の人々にも読んでもらいたい、と考えたことも本書をまとめようとしたきっかけの一つになっています。

文例はひとめでそれとわかるように、地の文と組み方を変えています。作者名もすべて実名で掲げています。これらの作品を、一編一編大切に扱うように努めたつもりです。

読者は、むつかしい議論は別にして、ひとまずこの文例だけを拾って読むこともできるでしょう。それだけでも、文章表現の楽しさを味わうことができるし、それらに対置して自分でも作品を試みることをすれば、目的の相当部分は達せられるというものです。

ただし、教室でも私は学生たちに、作品は作品であって、作者の人格とは別であると言ってきたし、他人の文章を読むときにもそのような見方に立つように要求してきました。本書の読者にも、これらの文例をそのような視点に立って読まれるようにと、願っておきます。学生たちの私生活と、作品の中に書かれている内容とは直結していないし、また逆に、直結したように見せるという演技性も文章表現上の一つのテクニックであるというふうに理解してほしいということです。

――講義では、学生の作品をときどき本人に朗読させます。同じテーマでとり組んだ結果、他人がどんな作品を書いたか、お互いに知り合い、そこからも学んでほしいというねらいからです。最初の時間にそのことを告げると、すかさず一種のどよめきが起こります。作品を発表されるのは嫌だ、まして朗読させられるのは恥ずかしい、との思いが伝わってきます。私としては、その空気を大切に扱いながらも、前述のような「文章は作品」の考えを時間をかけてゆきわたらせるように努めることになります。――

第2章　ことばは自分の中にある——レッスン「最初の記憶」

いよいよ実際に文章を書いてみましょう。最初は「自分にしか書けないこと」を書くのにもっともふさわしいテーマです。

課　題：「最初の記憶」（私の一番古い記憶）というテーマで、四〇〇字の作品を作ってみよう。

方　法：①幼児の頃をふりかえり、自分の一番古いと思われる記憶の断片を単語か語句によってメモする。
②複数の記憶（作品の候補）が浮かんできたら、それぞれを別々の場所に書きとめる。最後は一つに絞って作品化する。
③因果関係やプロット（あらすじ）よりも、その場の情景や気分など〈五感〉を重視して、連想的に記憶のイメージをふくらませ、ことば

の断片として書きとめる。
④メモ（ことばの断片）を時間をかけて蓄積し、それらを取捨しながら文章化する。

1　五感を大切に

他者と共有できない私の記憶

記憶ははじめからことばとなって浮かんでくるとは限りません。「最初の記憶」となると、なおさら、当の本人はまだ明確な言語能力を備えていないころのものかもしれないのですから。漠然とした風景、映像、といったものが、感覚に痕跡を残していて、それが呼び覚まされることが多いのです。それを、今、自分で、ことばによって捉え直していきましょう。

最初からすらすらと明確なことばとなって出てくる記憶には、ひとまず用心した方がよろしい。

例えば、怪我をして病院へ運ばれたことなどという〈事件〉の記憶です。こういう記憶は、あなたのものというよりは、実は、あなたの家族のものであることが多いのです。〈事件〉は、後日何度となくあなたの家族、特にお母さんによって話題にされているわけです。いわば復習されているのです。その結果、あなたの記憶がいつの間にかお母さんのことばによって塗り固められ、〈ストーリー〉として形づくられて、インプットされているのです。

できれば、そういうものを避けて、今、自分のことばで呼び起こし、形づくるところからはじめて、記憶を文章作品としたいものです。

私だけの風景　　　国文三年　塚原千恵

薄墨色の壁にぽっかり開いた四角い穴の向こうには、背の低い雑居ビルが立ち並んでいる。

ぼんやりした色で、しかしはっきりしている曇り空の下には灰色の風景が広がる。私は幼く、誰一人傍らにいない。ただ一人外を眺めている。ただ外を見ている。

そこでは、動の気配はせず、静寂が占めている。しかし、私は確かに存在している。

何かを感じているわけでもなく、誰かを待つのでもなく、何かしたいわけでもない。

私はそこにいるのに、外にはビルが立ち並んでいるのが見えるのに、何もない感じ、不確かで、すぐにかき消せてしまいそうな風景。

母親でさえも知らないその場所に、幼い私はいた。はっきりとその風景がこころに刻み込まれている。

もしかしたら、現世の記憶ではないのかもしれないのだけれど。


記憶の映像(風景)は、そのままでは他人と共有できない。言語化して初めて共有できるものとなります。この文章の作者は、そのような風景を記憶として、自分のことばで作品化する位置に立っています。その位置の孤独が「現世の風景ではないのかもしれない」

といわしめたのでしょう。

最初の記憶

言文三年　花野静恵

私の住んでいる住宅団地に、幼い自分が一人、とり残されてしまった。父も母も兄も、どこにも見あたらず、目の前の棟に住んでいる伯父の一家もいなかった。十七棟まであるその住宅に、人の気配すら感じない。一人きりで立ちすくんでいるのだ。

これは、私が幼い頃にみた夢である。しかし、なぜかその夢には「怖い」とか「悲しい」とか、そういった感情の揺れはなかった。ただ、何の感情も持たず、私は一人で立ちすくんでいた。

暗闇に閉ざされ、深い青とも緑とも言えぬ色に彩られたその不思議な夢を、私はその後、幾度となくみることとなる。そしてその度に、目を覚ました私は、何かの前ぶれなのだろうか、としばらくの間恐怖に捕らわれた。しかし、なぜ夢の中の私は淋しくなかったのだろう。なぜ幼い私は泣きもせず立っていられたのだろう……。その頃の幼い自分の強さ、冷たさに、今でも時々怖くなることがある。

幼児の頃の記憶は、まだことばで定着されていないことが多い。それだからこそ捉えにくいのです。夢とか幻想とか、非現実の映像と区別がつかないような感覚がつきまといます。この作品の作者は、そういう不確かな感覚の中に、一つだけある「自分の強さ、冷たさ」を探り当て、自分でも驚いています。夢の記憶であるのに、作品を貫くリアリティが読者を捉えます。

記憶の魅力、それはまぎれもなく自分のものだ、ということです。だからこそ、追究してみようという気にもなれる。他人のことばによって変形されたり、汚染されたりしていない生の〈原風景〉〈原感覚〉を探り当てるために、あなたの持ち合わせのことばを駆使してみてください。おのずから「自分にしか書けない文章」が生まれてきます。

まじめに〈断片〉を集める

「自分にしか書けないこと」を見つけるために、まず最初にすべきことは、自分の中にことばをさがし、イメージや感覚を断片的なことばによって書きとめることです。普通、これを〈メモ〉と呼んでいます。〈メモ〉には、ほかに客観的な情報を書きとめたり、叙述の構想を書きとめたりすることも含まれますが、中心はなんといっても文章の内容を形成することば（断片）を時間をかけて蓄積することです。それをまじめに行うことが、よい文章を能率的に書く近道です。

私の一番古い記憶　　　　国文三年　大河内美里

閉められたふすまを、細く開ける。半ば息をひそめるようにして、幼い私はのぞき込んだ。くっきりと窓の形にくり抜かれた穏やかな陽光が差し込む部屋。窓に面して置かれた小さな机の上には、コの字の形をしたカバンの持ち手がちらばっていて、私の視線はその中の一つに向けられる。ゴム製の持ち手は、指にあたる波形の部分に滑り止めのブツブツがついていて、それを見ながら私は、「おばあちゃんの内職」だと思った。一歩を踏み出した足元には、くすんだレンガ色のじゅうたんが敷きつめられていて、光の当たる周辺だけ、乾いた色に変色している。それはあやふやで、つかみかけると消えてしまう程に、曖昧な風景。

祖母が内職をしている姿を私は見ているはずなのだが、仕事を中断したままのように、雑然と物が置かれた祖母のいないその風景こそが、むしろ祖母が私に遺してくれた優しさを、思い起こさせてくれる。

この作品に見る「祖母の部屋」の描写の確かさ。作者は誠実に、思い出すものを言語化して書きとめ、蓄積してから、作品化したということが想像できます。思い出すものというのは、必ずしもモノとはかぎりません。窓から差し込む陽光とか、じゅうたんの変色の具合といった、光景や雰囲気をも含んでいます。それらが言語化されることによって、記憶のイメージが作者だけの内面の曖昧なものから、読者も捉えることのできる客観的なものへと創造されるのです。漠然としていた記憶が、ことばの断片として具体的なものとなる。メモはそういう意味で能動的な創造行為です。こういう客観的な創造にのっかっているからこそ「祖母が私に遺してくれた優しさ」という、きわめて主観的で抽象的なことが書かれていても、読者は納得できるのです。いや、個々の「優しさ」をどれだけたくさん列挙されるよりも、納得できるものとしての想像が働くのです。

——この作品の最後の段落。一文の中に「祖母」の語が三度も繰り返されているのは煩わしい。私もいったんは、二つ目の「祖母」を「主」あるいは「人」と改めることを作者に示唆してみました。しかし、「遺してくれた」に「祖母」は亡き人であることが読み取られます。本人に確かめてみたところ、やはり亡き人だとのこと。とすれば、「祖母のいないその風景」には、現在の作者の心象を表す深い意味がこめられているように思われます。結局、初稿のまま掲載することにしました。――

私の一番古い記憶　　言文三年　加藤万祐子

春休みに入るころ、家の前の三家族が引っ越した。一つは、初めての親友の家だった。毎日遊んだその家は、誰もいない静かな私の〝基地〟となった。夏になるころ、私の背丈程の雑草が青々と茂った。草を抜いたが、いつしか蔦で覆われた。私は家の中が気になった。柵を乗り越え、家の裏にまわった。脆くなった扉をゆすると、戸がレールから外れ、木屑が散った。夏の日射しの中から部屋の中に入ると、立ちくらみの闇の中で、埃っぽい匂いが全身を包んだ。目が慣れたところでポケットから飴を出し口に押し込む。暗い部屋の中は、クーラーを消してしばらくたった時のように、ひんやり涼しく額の汗も引いていた。誰もいないのに床のきしむ音に合わせて鼓動が頭まで響く。見覚えのある部屋の床にはクレヨンの跡がある。柱には私の背丈より低い印があった。柱にもたれてふと手の平をみると真っ黒になっていた。私を呼ぶ声がする。夢か幻か。いや、違う。声は、向かいの家からだ。私はこの家を守っていける気がした。

記憶の場所のイメージが、映画の一場面のように浮かんできます。短い文章だからといって軽く考えず、時間をかけて丹念に記憶の個々の断片を言語として蘇らせたうえで作品化したことによる成果です。

メモにひそむ宝を壊さないように

〈メモ〉として十分に材料（ことば）を集めても、自分が書きたいことが見えない場合があります。いわゆる舞台の小道具ばかりがそろってくると、「物語《ストーリー》」がほしくなります。そこで急がないことです。「主題文」みたいな形でその物語をまとめてメモとしてしまうのではなく、一種の〝割り切れなさ〟、〝中途半端な感じ〟を忠実に生かす形のことばの断片を書きとめる程度で、ひとまずメモをやめておくことも重要です。メモの段階で、自分が書きたいことが明瞭に見えていないということは、けっして悪いことではなく、むしろ創造的な作品が生み出される直前の状態として一般的なことなのです。

自分の書きたいことを、作品を書く前に用意してしまうよりも、目の前の〈メモ〉を材料として、組み合わせたり、補ったりして、書きながら作り出し発見していくのだ、という姿勢の方がよいのです。〈メモ〉を誠実に行っておれば、あなたの書きたいことはその中に隠れ潜んでいます。それを見つけていくことが、原稿用紙(あるいはキーボード)にむかうことの本質的な意味です。書きながら作り出していく過程で、〝割り切れなさ〟や〝中途半端〟の状態のまま止めてあることばの断片が役立ってくるのです。

最初の記憶

国文三年　山口範子

テーブルの上のホットプレートからつながって垂れている黒いコード、そしてそれを跨ごうとしている黄色い半ズボンをはいた自分の右足。お母さんにお皿をとって、と頼まれた私は、コードを右足で跨いだ瞬間、その光景が少し止まったように見えた。すぐ近くにお母さんとお姉ちゃんがいるのに、一人ぼっちに感じた。そして、何だか恥ずかしいような、むずかゆいような気持ちが起こって「わたし」「やまぐちのりこ」「わたしはやまぐちのりこ?」という思いが頭をよぎった。またた、と思った。こういう気持ちが前にもあったような気がした。そして何だかこわかった。だから、お母さんにもお姉ちゃんにも何も言わないで、何もなかったように会話を続けた。

哲学者や心理学者は、幼児の意識をよぎったこの感覚をなんと名づけるのでしょうか。私には、孤独感とか自己意識とか、あるいは存在の根源に対する郷愁とか、そんなことばしか浮かんできません。でも、そんな手垢にまみれたことばをどれだけ用意してみても、たった三〇〇字余りのこの作品が作り出した内容に比肩し得るとは思われないのです。仮に〈メモ〉の時点で「孤独感」とか「存在の根源に対する郷愁」などということばで内容を先取りしてまとめてしまっていたら、この作品は生まれなかったでしょう。作品の内容は、そこに使用されていることばそのものなのです。作品のことばを別のことばで言い換えたとすれば、それはもう別の作品です。書かれるべき事柄を一言でまとめたとしても、それは本来の作品の形骸でしかないのです。メモの段階で見えないからといって、書きたいことを、そのような形骸をなぞった段階で止めてはいけません。むつかしいことばでまとめてしまってもいけません。むつかしいことばや抽象的なことばを使いたくなったら、ひとまず用心しましょう。おおぎょうな用語は、文章表現力の不足している証拠なのです。
この作品の作者は、概念的なことばで内容を先取りしないで、感覚の本来の位置に踏みとどまった。そこに私は、かけがえのない創造を見ます。

身体と感覚の記憶

概念化をまぬがれる最も有効な方法として、身体や感覚の記憶を呼び起こし、それをもとに作品を追求していくことがあげられます。

夏の記憶

文芸二年　増田知美

私の一番古い――記憶かどうかは分からないが、きょうのようなムシ暑い季節がくると度々思い出すことがある。確か八月だったと思う。私は父と母と姉と四人で車に乗っていた。親類の家でバーベキューをするのだったと思う。と突然、何かが私の心を占拠して、私は「この車の中をめちゃめちゃにしてやる」という衝動にかられた。母や父に不満があったわけでも、姉とケンカしたわけでもない。ただただ、どうしようもなく私の中で何かがそうしろと言っていて、それを抑えるのに幼な心に必死だった。そんな自分を一方では恐ろしく思いつつ、もう一方では「もう我慢できない」とイライラしていた。この感覚はなぜか大体夏にやってきた。シチュエーションは思い出せないが、その気配を感じるたびに怯えていたのは思い出せる。今ではそんな恐ろしい感覚に襲われることもないが、ふと、何もかもがバカらしくなるような時、その悪魔が頭をよぎるような気がする。

幼児の記憶なのに、それをていねいに追求し、再構成してみると、すでに大人の感覚の萌芽とでも呼びたいような、根源的なものが見えてきて、本人ですら驚くようなことがあらわにされています。感覚によって追究しているからこそそのリアリティでしょう。最後の一文には、作者の若い感性が危うい均衡の中で描かれ、読者をも巻き込んではらはらさせます。

感覚を中心に記憶をよみがえらせるということは、簡単なようで実はなかなか難しいものです。

私たちは、ふだん、何かの出来事を伝えるのに、5W1H（だれが、いつ、どこで、何を、どのように、なぜ）に従って述べる習慣をもっています。新聞記事などもこれによってできています。このように述べることが、手っ取り早く、客観的に、事実を伝えることだと教えられてきました。いわば、5W1Hはあらゆるレポート形式の文章のフォーマットなのです。

幼児期の記憶を書くときにも、うっかりしていると、このフォーマットを知らず知らずのうちに採用してしまいます。結果は、当然ながら、事件中心の、ストーリー化しやすい記憶だけが採用されてしまうことになります。〈ストーリー化〉が不用意に行われると、幼児の感覚のデリケートな部分（断片）は抹殺され、単に話としてはわかりやすいけれども退屈な一般的な事件の報告のような文章になってしまいます。幼児期の日常は、世間的な「事件」としてストーリーだけをとり上げれば、たいていは類型的な平凡なことしか見えてこないからです。

この落とし穴をのり越える方法が、メモの段階からの感覚の重視です。幼児には幼児独特の感性があるものです。それを蘇らせ、言語化することが真の意味で、あなたの記憶を作品化することなのです。

最初の記憶

国文三年　山中緑

立っているだけで汗がにじんだ。

上の方でかん高い声と声がオホロロハロロとぶつかって落ちてぶつかって落ちて、奥には真っ黒なブラックホールが吸い込まれそうにつづいている。見上げると真っ黒なシルエットの中、二つのどっぷりした血色のくちびるが開いたり閉じたり曲がったり、別の生き物みたいにうねうねと歪んでいた。かん高いホロホロ声はそこから出てる。すぐ後ろの、黒茶に錆びた手すりがザリザリと暑かった。

帰りたくて帰りたくて目の前の紺色スカートを引っぱったら、

「くわばらくんのおかあさんよ。」

と上で髪を切ったばかりのお母さんが笑った。

途端に周りがパッと明るくなって、真っ黒なシルエットは白くお化粧した女の人になって奥からは、テレビの音と、よその家の匂いがした。

ジャングルジムに淡いオレンジピンクの光が柔らかそうに見えた。

意味を解き明かさないで、断片的なイメージ（対象）をこどもの目で描いているところが、絵の具を塗りたくった油絵のように強烈で、印象的です。このイメージの言語化はユニークです。ストーリーを探れば、「お母さんが美容院の帰りに、ともだちのお母さんと立ち話をするかたわらで、早く話が終わらないかと待っていた私」ということになってしまいます。これではほとんど作品になりません。感覚を言語化したところに、この作品の個性があります。

記憶を扱うと、一般的には回想的になり、ときにはセンチメンタルになるものですが、この文章にはそれがありません。既成のワクをこえてはみ出していくような、ことばのエネルギーを秘めています。

2 記憶は〈作る〉もの

文章はいつ書き始められるか

ここまでに述べてきた中で、すでに明らかになっていることですが、「自分にしか書けないこと」をめざす文章にとって、もっとも重要な作業は、その「書きたいこと」を見つけることです。「自分にしか書けないこと」を見つける作業は、ゆっくりと時間をかけて、なによりも自分の中へ目を向けることによってなされます。そこで見つけたものの集積が〈メモ〉です。

文章はいつ書き始められるか。こたえは、〈メモ〉を始めようと決意したときから、ということになるでしょう。対象の、ことばによる具体化（断片化）が、このときにはじまるのです。後に第4章で述べるように〈メモ〉に相当することばの断片は、少しの量なら頭の中に貯えることができるので、これをも〈メモ〉の前段階と呼ぶことができますが、現実には、手に鉛筆を持ち〈メモ〉を始めたとき、まさに文章の内容が目に見えるものとして作られ始めるのです。テーマ（課題）に向かって書き手の身体と精神がある種の統一的な動きをとり、緊張が始まります。
この過程をなおざりにして、いわゆる原稿用紙をひろげたときから文章が書き始められると考えると、どういうことになるのでしょう。

「思ったとおりに書く」の落とし穴

この章のテーマ「最初の記憶」にとり組んでいる学生たちの作品を、初期の〈草稿〉（下書き）の段階でのぞいてみると、多くの書き出しが、

「私の最初の記憶は……」
「一番古い記憶と言われても……」

といった形になっています。作品の冒頭で、テーマあるいは標題をくり返しているわけです。文章を書き始めた時点での、作者の逡巡や戸惑いが、そのまま作品の本文（それも冒頭）に現れているのです。

さらに、もう一つの書き出しのパターンは、

「私が保育園に通っていた頃、……」

「あれは確か私が五歳の時だったと思う。……」

というものです。「最初の記憶」という文章の書き出しに、自分が幼児の頃だったということをわざわざいう必要があるのでしょうか。一度ふみとどまって検討した上で、やはり必要だという結論がでたら、そのことばを残す。そうしないと、ここでも、文章は「いつ、だれが、どこで……」(いわゆる5W1H)にしたがって書かなければならないという固定観念が無意識のうちに働いてくるのです。

自分が書こうとする作品はどういうものかを、読者との関係で意識しないまま、ただ漫然と書き始めると、〈標題〉から地続きの、一般的には退屈な書き出しになってしまいます。「思ったとおりに書け」と言われるのは、書き始めのプレッシャーから作者を解放するための方便ではありますが、〈作品〉としての文章を試みる場合には、このことばはあまり信じないほうがよろしい。

標題として「最初の記憶」「私の一番古い記憶」と書かれているのです。標題も作品の一部、すでに読者にはそれが情報として与えられています。本文でそれをくり返しては退

屈になります。早く記憶の具体的な「中身」に入らなければいけないのです。

「思ったとおりに書く」とことばではいえるけれども、実際には「思ったこと」など、どこにも存在しない。〈メモ〉もなしで（すなわち言語化された具体的な材料なしで）書き始めたりすれば、当然のことですが、途方にくれ、力が入りすぎて、「私の最初の記憶は……です」とまとめてしまう。そして、次に書くことがなくなってしまう。そこで「記憶というものは……」とか「幼時の記憶は……」とか、どんどん「自分にしか書けないこと」から遠ざかって、一般論としての「記憶論」へはまりこんでしまう。あるいは5W1Hをなぞって、ひとまず字数を稼ぐだけの文章になってしまう。これでは、読者にとってはわかりやすいけれども退屈な作品になるのです。

思ったとおりに書く、というときのもう一つの落とし穴は、だらだらとした叙述です。代表的なものは、

①中止法の多用＝「〜し、」「〜して」を積み重ねて延々と文が続く
②接続語および前を受ける語の多用＝「そして」「そこで」「それから」「その」「そういう」など「そ」（＝語源は指示代名詞）ではじまる語が不用意に用いられる
③副詞の多用＝「すごく」「とても」「ずっと」「だんだんと」「あっというまに」などの多用（これは女性の文章に多く見られる）

などが挙げられるでしょう。これらを避けるためには、余分な説明をせず、文を簡潔に、短く切る、という姿勢を意識的に貫くことです。あなたの文章がダイエットされ、引き締まったものになります。

「記憶」と「記憶論」は別

一般に「私の記憶」というときの「記憶」は個人的なものです。具体的な中身があります。今、この章で試みているテーマは、その中身を〈ことば〉によって客観的に示そうということです。自分だけのもので、しかも漠然としているものを、第三者にも捉えることのできるもの＝〈ことば〉として、示そうということです。記憶の中身を捉える、すなわち、記憶をことばで作る。そのための材料（ことばの断片）をメモとして蓄積しているうちに、本人にとっても（ことばは客観的な対象だから）自分の記憶の中身が見えるようになってきます。同時に愛情を感じるようになってきます。自分の記憶の価値も見えてきます。こうなったときにはじめて、書こうとしている内容に自信が生まれてくるのです。記憶をさらに具体的に追究してみようという意欲もわいてきます。

文章を書くことが楽しくなってくる。書かれる文章に、ある種の〈熱〉のようなものがこもってきます。

しかしそういう段階へ至らないままに書き始めると、自分の記憶の中身へ叙述を向けるまえに、漠然と「記憶について」述べたくなってくる。いわば、「中身」へ突入できなくて、その前でウロチョロすることになるのです。その結果が「記憶論」になります。「記憶とはどういうものか」「人間にとっての（あるいは私にとっての）記憶」といったことへ叙述が向かいます。記憶の「中身」をさておいた一般論としての「記憶論」です。いわば、記憶についての「哲学」をやろうというのです。

どんなテーマでもそうですが、自分が本来書こうとする事柄に十分の材料（準備・自信）がないまま、不用意に書き始める場合には、一般概念のほうが取っつきやすいものです（第7章の「一般概念から個へ」の項参照）。これならば、持ち合わせの知識でひとまずなんとかなる、多少むつかしそうなことを述べてお茶をにごすこともできそうだ……。

でも、そんな了見で始められる「哲学」や「現象学」が人を惹きつけるはずもありません。

最初の記憶
言文三年　河合律子
暗い時、ライオンが来るような気がしました。恐くて、ふとんに潜って目を閉じると、玄関に、青いような白い色に光っている、ライオンがいるように思いました。ライオンは私を見ています。ドキドキして汗が出て苦しくて、息ができなくなる気がしたので、ふとんの中で、すき間がないか、ふとんの中にいるのが私だけか確認して、光が入ってこないようにしました。そしたらもっと、苦しくなって、暑くなってきたので、すき間を開けて、のぞいてみたら、しわしわの手があって、ドキドキしました。ドキドキしながらさわってみたら、おばあちゃんの手が動いて、もっとドキドキしました。なんだかちょっと冷たい、空気が入ってきて、苦しくなくなりました。
もうライオンがいる気はしなくなりました。

この作品にみられる、中身へいきなり入る書き出しは、確実に読者を惹きつけます。「最初の記憶」という標題から「暗い時、ライオンが来るような気がしました」という冒頭への過不足のないつながりは、読者に快感をあたえます。

たった四〇〇字の文章。ウロチョロ徘徊しないで、書きたいことの中心へ飛び込む潔さが必要です。そのためには、ことばによる材料（メモ）を蓄積し、自分の書こうとしていることの価値を作者自身が予感していること、が肝要です。

「覚えている」「思い出す」に注意

標題を本文の冒頭でふたたびくり返しては退屈になる、とさきに述べました。当面のテーマについていえば「記憶」という語です。他に本文中で注意したいのは、「覚えている」「思い出す」のたぐいの語句です。意識しないと、どうしてもこれらの語を多用してしまいがちになります。思いつくままに、その順序にしたがって書いていくと、何度も「記憶」「覚えている」「思い出す」の語を使ってしまいます。テーマに直結する語、テーマの類語だから使いたくなるのは自然といえば自然です。

それを多用すると、なぜいけないのでしょう。書き手にとって自然なことが、なぜいけないのでしょうか。

一言でいえば、文章は自分の意識を人工的にコントロールしながら〈作品〉として作者の外に作っていくものだから、です。

作品を作っていく思考の手続きと、作品の内容とを混同してはいけません。「覚えている」「思い出す」の語は、どちらかといえば、〈手続き〉に属するものです。記憶を蘇らせるまでの作業に作者は苦労します。したがって、その〈手続き〉に関わることばが記憶の内容と区別されることなく、文章の内容として作品中に登場してしまいがちになるのです。

二人の「私」

このことを理解するために、作者と作品世界との関係をもう少し掘り下げて考えてみましょう。

例として「最初の記憶」のような「私」のことを書いた文章を考えてみましょう。この場合の「私」には、二人の「私」がひそんでいます。

①記憶の場面に出てくる幼い頃の「私」……………………〈作品世界の「私」〉
②右の「私」を思い出して書いている現在の「私」……〈作者としての「私」〉

一般論としては、殊更にいわれなくてもわかりきったことでしょう。でも、文章を書くときに、これを意識しているかどうかは、重要な問題です。

さきに挙げた「記憶」「覚えている」「思い出す」は右の①と②を〈つなぐ〉語なのです。二つの「私」の位置関係を読者に解き明かして説明する〈説明語〉と呼んでもいいでしょう。もちろん位置関係といっても、この場合は時間的な距離を説明しているわけです。これらの語が使われることによって、文章が説明的になり、客観的になります。そのぶん、わかりやすくはなります。

しかし、これらの説明語が文中にくり返し出てくると、読者は「記憶の場面」へ行ったり「作者の現在」の位置へ連れ戻されたりします。書かれていることはよく理解できるけれども、「記憶の場面」が読者の中に定着しにくくなります。いわば読みながら読者は冷めてしまうのです。これが「退屈」の印象をもたらします。

作品世界と「私」の関係

記憶を扱った文章だけでなく、すべての文章作品に、右の①②を適用すると、

①文章で述べられている「世界」……………………「作品世界」
②その「世界」をことばで作り出している「私」……「作者」(としての「私」)

の二つを考えることができます。

文章の内容(作品世界)としてどのようなことを書いていても、それとは別に生きて呼吸し、原稿用紙やキーボードに向かっている生身の〈作者〉がいます。この作者はそのままでは文中(作品世界)に登場することはできません。「私」とか「ぼく」とか、なんらか

の名づけが必要になります。文章は〈ことば〉で作られるのですから、言語化されなければ作品中に登場することができないのは自明のことです。

こうして作者の言語化された「私」「ぼく」が文中に登場することによって、「覚えている」「思い出す」など、「私」の行動や行為も文中に登場することになります。いいかえれば、「覚えている」「思い出す」などの語を使えば、「私」という語を使わなくても、作者はすでに自己を言語化して作中に登場させていることになります。

この作者としての「私」は一般に〈現在形〉で叙述されます。この「私」が登場すると、読者は否応なしに作者の現在へ連れ戻されることになります。

「最初の記憶」のように、作者の現在から離れた「別世界」を内容とする作品の場合には、現在の「作者」が現れたとたんに、読者は、客観的な位置関係を意識させられ、冷静になります。叙述の流れを計算してそうするのでなく、ただ漫然とくり返し作者としての「私」が登場してきて「現在」を意識させられれば、読者は冷めてしまい「退屈」を感じることになります。

文章を書こうとするときには、いつも作者としての「私」「ぼく」をどのように扱うか、これを意識して始めることが重要です。文章を意識してコントロールすることの手始めは「私」の扱いです。

最初の記憶

生活一年　石川佳代

アパートの縁の下には、なにかが住んでいる。静かで真っ暗な空間。私はしゃがんで覗いてみる。さびた鉄の棒のすき間から、涼しい風がすーっと私の頬をさする。向こうの方から、わずかな光がさしている。なにかがいる気配。サーサーって風の音がする。もっともっと奥の方を目を凝らして見てみる。ネコでもネズミでもないような、変な気配がする。不思議な生き物？私は毎日、覗いてみた。その日、一番気に入ったものを置くことにした。きれいな石や紫色のまんまるの実、小さな青い花。人差し指がぎりぎりはいるくらいの鉄の棒の間から、なるべく奥の方へいれて置いた。次の日、きれいな石はなくなっていた。

アパートの縁の下は真っ暗でなにもない。さびた鉄の棒のすき間から、涼しい風が吹いている。今日は雨の日。ぴかぴかのタイルのかけらがなくなった。

この作品の場合、記憶の中の「私」が登場しているだけです。作者としての「私」が文中に登場しないから、読んでいるあいだ読者は作り出された「作品世界」の中だけに留まることができます。作品世界と作者との関係を示すことばは「最初の記憶」という、あらかじめ与えられた標題だけです。こうして読者も童話の中の主人公になったような〝幸せな孤独〟の感覚に包まれるのです。

「一つのこと」を書く

対照的に作者としての「私」の位置を作品の冒頭と結びに明示して、それをちょうど絵画の額縁のように使って記憶の世界を描き、対象をくっきりと浮かび上がらせた作品を紹介しておきましょう。

最初の記憶　　　　国文三年　広瀬伸子

私が小さい頃、私の住む町は人家も少なくこどももあまりいなかった。私は、いつも歩いて二十分ほどの咲ちゃんの家へ遊びに行く。帰り途中、いつも公園の横にある小道が気になっていた。そこは、こどもはあまり入ろうとしない不気味な場所であった。ある夏の湿気の多い夕ぐれ、なぜか小道に入りたくてたまらない衝動にかられ、とうとう入ってしまう。すると、そこに私の体よりも大きな鉄籠があり、中にとても大きな真っ赤でしかも金色に光っている美しい生き物がいた。鳥のように羽を動かして私の方を見た。見てはいけない物を見た気がして恐ろしくなり走って家に逃げ帰った。誰にも言えなかった。あれは、きっと鳥ではない。私だけに見えたものかもしれない。あれから何度も公園の前を通るとあの生き物を思い出した。でも一度も小道に入っていない。そろそろ小道に入って真実を知ろうかとも思う。

記憶の中の世界を作者の現在から眺めることによって、それが遠眼鏡の中の拡大世界のような、あるいは、夢ではなかったかというような、不思議な鮮やかさを作り出しています。すべての語句が「金色に光っている美しい生き物」の記憶を際立たせるための装置としてセットされています。メモの段階では、もっと様々なことが浮かんでいたのでしょうが、描く対象を一つに絞った結果、このように鮮やかな印象を伝える作品になったのです。

何を書きたいかをひとまず自分で見定めたら、一般論としての導入部や余談を入れず、作品の中の世界へ向けて読者を意識した叙述を始めること。それが最もふさわしい導入となります。結びにも同じような注意を払いたいものです。

記憶は〈作るもの〉

詩人の長田弘さんに『記憶の作り方』(晶文社)という本があります。内容は、もちろんハウツー物としての記憶の作り方(?)を述べたものではなく、文学的エッセイ集です。この題がユニークじゃないですか。

記憶は作るものだ、と考えたことがありますか。記憶はどこかに(脳の中に?)「在る」ものと、なんとなく考えてしまいがちですが、じっさいに「最初の記憶」という課題にとり組んでみて、その過程を冷静に検討してみれば、少なくとも文章としての記憶はことばで作るものだということがわかりますね。ことば以前に「在る」と思っている記憶は捉えどころがなく、それを検討しようと思えば、あるいは、他人と共有しようと思えば、けっきょくことばで〈作る〉以外に方法がないのです。

記憶を保存するためにも、言語力・文章表現力が要るのです。

最初の記憶

国文三年　加藤智子

いまだに罪悪感がある。もう時効だろうか。

あの頃、毎日のように母について、近所のスーパーへ行っていた。スーパーは、私の好奇心を掻き立てる。

その日も母と一緒にスーパーへ行き、食料品を買って、それを袋に入れるのを側で待っていた。何気なく周りを見ると、台の上にある備え付けのビニールひもが目に止まった。大きな荷物を縛るためだろう、ひもを切るカッターも一緒にある。私は無性にそれがほしくなった。「お母さん、三階行ってくる。」と言って、母の側を離れて、それをいくらか自分で切って、玩具売り場へ行くために近くにあるエスカレータに飛び乗った。

すると、下からザワザワと人の声が聞こえてきた。振り返ると、切ったはずのひもが繋がったまま延びてきている。私は驚いて、慌ててその手を離した。そして、そのまま三階へ急いで向かった。ひもがどうなったか、今でも知らないままでいる。

話術ともいうべき構成の意志がはたらいています。冒頭と結びのセンテンス。わかりきったことをあえて大げさに言語化することによって生じる表現効果を計算にいれた作品です。「最初の記憶」のテーマにしては異色の、でも、「カワイイ!」と読者の声が聞こえてきそうな文章力を買います。

記憶もまた成長する

以上、学生たちの作品を見ながら、文章を作る際の当面の問題をとり上げてきました。それにしても、限られた世代の人々なのに、多様な作品があることに驚きます。実際に自分で試みればわかることですが、この「最初の記憶」というテーマは、数学的な割り切り方で、「これだ」と一つに絞ることはなかなか難しいものです。どれが最初かわからないというのが、正直なところでしょう。

敢えて一つに絞ることはないのです。「最初の記憶」がいくつかあってもいいのです。機会をみて、今回は捨てられた記憶をまた文章にしてみてください。

人が成長する過程で、記憶もまた成長していきます。人間社会でのさまざまな経験を積み、思索を重ねる中で、記憶の意味もまた変化します。あるときには意識の底に沈んで消えていたことが、ふたたび浮上してくることもあるでしょう。心身の状態の変化によっても、そのようなことが起こることは容易に推測できます。

作品化して残すことが、記憶を埋没から救い、私たちの人生の「宝」としてかけがえのないものにするのです。

つぎの作品などは、そのような未来への予感に満ちた「最初の記憶」です。

私の一番古い記憶　　　　国文三年　本田由佳

家を出て、坂道を下り空地をななめに駆けぬけると花に囲まれた門が見える。門をくぐり階段を一段飛ばす。玄関から部屋に入るとピアノが一台とその傍に女の人が一人座っている。この人は私の一番最初のピアノの先生だ。昼間のレッスンに行っていたせいか、電気はついておらず、大きく開いた窓からの光と柔らかい風。ピアノを弾くというよりは音を並べたり伸ばしたりしていた。練習が終わると、大きな窓の近くに座り、今日の出来事を話す一番楽しい時間がやってくる。親にも同じことを話しているはずなのに、まるで初めて小犬をだっこしたような興奮があった。

先生は、知らないうちに名前と顔と声をつれて、私から遠い所に引っ越してしまった。私に残してくれたのは、肌で感じた光と風だけだった。今どうしているのか調べる手掛かりすらない。でも寂しくはない。春になって教室の窓際に座るたびに、何となくあの時の光景を思い出せる自分がいるから。

この作品に接したとき、私は、作者のことがうらやましくなるような、それでいて、私自身も幸せにしてもらったような、さわやかな読後感にひたりました。教室で課題にとり組んだのが春だったという小さな偶然がもたらした（でも必然の）結果といえるかもしれません。作者も、自分の中にこのような宝がひそんでいたことを、作品化することによってはじめて知ったのではないでしょうか。「思い出は写真だけでは伝わらないことがたくさんあることを実感することのできたテーマでした」と後に感想を伝えてくれました。

第3章　目とこころとことばと——レッスン「水の入ったコップ」

ふだん見慣れているものを題材にして文章を試み、見ることとことばとの関係について考えてみましょう。

課　題：ガラスのコップに水を入れて机上に置き、それを見ながら「水の入ったコップ」というテーマで、四〇〇字の作品を作ってみよう。

方　法：①まず手始めに、コップの「一部分」を鉛筆で細密描写する。

・コップの全体ではなく、部分を描く。

・もっとも明るいところを白、もっとも暗いところを黒として、中間は灰色の階調によって塗りつぶす。

②デッサンをしながら、気づいたこと、浮かんできたことば、などがあったら絵の周辺にメモする。

③つぎに、文章を書く目的でさらにコップを見つめ、見えたこと、考え

たこと、想像したこと、などを断片的なことば（語句）としてメモする。
④メモをながめ、それらを取捨しながら文章化する。

1　くわしく見ること

「書くことが何もない」からはじめる

「水の入ったコップ」というテーマを与えられると、多くの人が最初は、「そんなものについて何を書くの？」「書くことなんて何もない」という反応を示します。声には出さなくても顔にそういう表情があらわれます。でもそれは、「へえ、おもしろそう」という好奇心の表情ともとれます。

はたして、書くことは何もないのでしょうか。何もないというのははじめの実感ではありますが、しばらく課題にとり組んでいると状況は変わってきます。何も書くことがないと感じていた人が、後に示すように、すばらしい作品を書いて見せてくれます。好奇心を誘うぶん、より創造的になれるのかもしれません。あなたもぜひ試みてください。

何も書くことがないと言っている人でも、ひとまずコップの絵なら描けるでしょう。ことばは浮かんでこなくても、絵なら、描く対象は目の前にあるのですから。それを見える

とおりに紙の上に写せばいい。じょうず・へたは今は問わないことにしましょう。

　というと、気が楽になるのか、こんどは「コップの絵ぐらい、見なくても描ける」と、思う人が出てきます。ことばにはしなくても、こころの中でそう思う。いや、思わなくても、実際に描く段になるとそうしてしまう。見ないで描いてしまうのです。そうして描かれる絵はたいてい、右のページの図のようなものになります。見なくても描ける絵、ひととおり知っておれば描ける絵。それをふつう〈概念図〉と呼びます。私たちは、日常、コップというものを「知って」います。だから水の入ったコップの絵（概念図）を描くことができます。逆にいえば、「知っている」とは一般的にこの（絵の）程度のことをいうことが多いのです。

概念図でなく細密画を、全体でなく部分を

なぜ〈全体〉でなく〈部分〉を描くか。理由は、見なければ描けないコップを描いてほしいからです。描くことによって、目の前のコップをありのままに見るこころの姿勢をつくる。知識（概念）で見るのではなく、目で見る。ありのままを見れば、全体でなく部分でも、十分コップとわかる絵を描くことができます。

　漠然と対象の全体を眺めているときには見えないものが、目を凝らして対象を断片化し

たときには、見えてくるのです。

　頭の中に捉えられている〈全体〉をひとまず消すことによって、目の前に現実にあるコップが見えてきます。〈部分〉に目を注ぐことによって、概念としてのコップが打ち消され、目の前のコップの〈細部〉が見えてくる。光、影、質感、形、等々……、見る人と見る時・位置によって異なるものが、見えてくる。これをコップの〈断片化〉と呼ぶことにしましょう。断片化することによって、一般のコップではなく、いま目の前にある〈個〉としてのコップが見えてくるのです。

　コップのようなありふれたものの場合、私たちはすでに知っているから、普通の状況ではこれを凝視するなどということをしない。コップとしての機能を満たしてくれれば、それでいいのです。はじめて見るものの場合には、私たちはまじまじと対象を見ます。同じコップでも、水を飲もうとしたときに欠けていたり、ひびが入っているのを見つけたりした場合には、私たちはまじまじとコップを見直します。その時になってはじめてコップが〈個〉としての姿をあらわしてきます。「このコップ割れている！」といいながら私たちは〈個〉としてのコップを認識するのです。

　いま、コップの部分を描くというのは、その〈個〉としてのコップを捉えるための便宜的な手段です。頭の中にある〈概念〉から、目の前の〈個〉へ、あなたの「目」を移すための手段です。頭でコップを見ずに目で見るのです。目をカメラのレンズのようにして見

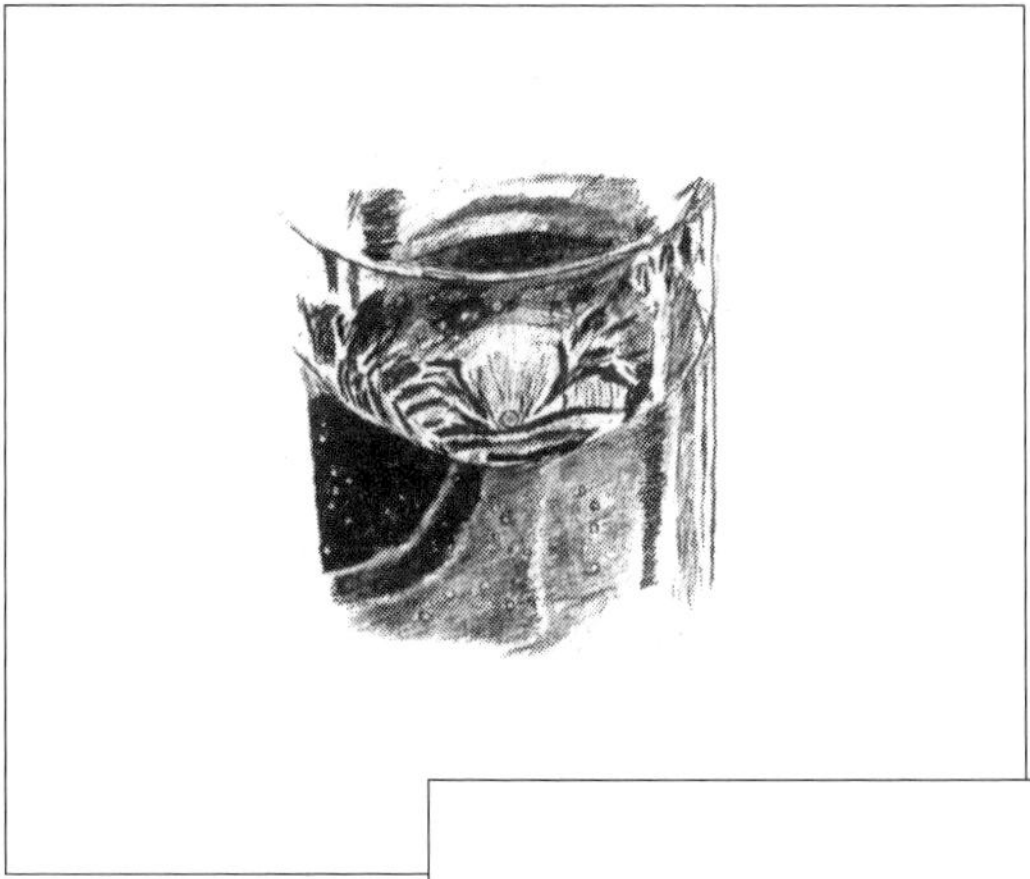

▲言文四年　西田恵子

▶国文三年　高木万祐子

る。場合によっては、頬杖をついて目を固定し、片目をとじて開いたほうの目で見る。ちょうど目を三脚の上に置かれたカメラのレンズのようにするのです。

絵は不得手だ、などといわずに、とりあえずやってみてください。狭い面積（断片）で結構です。やや濃い芯の鉛筆を使って、見えるとおりに、細密に、描いてみてください。紙の上には、断片的なスケッチだけれど、あなたのコップが実現するはずです。

レオナルド・ダ・ヴィンチのように

しばらく夢中になって描いていて、気がつくと、目の前に描かれている絵が、ふだん自分が描いていた絵とすこし異なった雰囲気を持ってくることに、驚きを覚える人も多いことでしょう。むかしどこかで見たレオナルド・ダ・ヴィンチの素描のような、人を惹きつけるものをもった絵が次第に実現してきます。

ルネッサンスの初期、画家たちは風景や自然に強い関心を抱き、それらを紙の上に描きました。ダ・ヴィンチの手稿とか素描と呼ばれるものはその代表的なものですが、そこには、動植物はもとより、水の流れ、衣類の襞、髪の毛、筋肉や血管……など、自然界のあらゆるものの〈断片〉が詳細に描写されています。

レオナルドは、対象をこのように〈断片化〉することによって、当時の人々にとっての

「創造の神秘」「自然の秘密」に迫ろうとしたのです。

デッサンの周囲には断片的なことばがびっしりと書き込まれています。これらは対象をことばで捉えた〈メモ〉であり、対象に触発されて展開した自分の頭の中の「思考の断片」であるということができます。

> 君がさまざまなしみやいろいろな石の混入で汚れた壁を眺める場合、もしある情景を思い浮かべさえすれば、そこにさまざまな形の山々や河川や巌石や樹木や平原や大渓谷や丘陵に飾られた各種の風景に似たものを見ることができるだろう。さらにさまざまな戦闘や人物の迅速な行動、奇妙な顔や服装その他無限の物象を認めうるにちがいないが、それらをば君は完全かつ見事な形態に還元することができよう。そしてこの種の石混りの壁の上には、その響の中に君の想像するかぎりのあらゆる名前や単語が見出される鐘の音のようなことがおこるのである。
>
> 杉浦明平訳『レオナルド・ダ・ヴィンチの手記』上巻、岩波文庫

目からことばへ・思考の断片としてのメモ

右のダ・ヴィンチの引用文では、汚れた壁を眺めているときに見えてくる（頭の中に浮かんでくる）想像上のさまざまな物象が、教会の鐘の音にたとえられています。音程の異なる複数の鐘がつぎつぎに鳴るように仕掛けられているカリヨンという鐘です。

頭の中の思考（この場合は想像）を「あらゆる名前や単語が見出される鐘の音」にたとえていますが、この「あらゆる名前や単語」は、想像や思考の断片です。

その〈断片〉をことばとして実際に記したものがメモです。個々のメモは当然のこととして、一見秩序もなく偶然のように浮かんできます。

コップを写生しながら見つめていると、最初は見えなかったものが見えてきます。気づかなかったことが見えてきます。ときには、見えているものとは程遠いことを連想している自分に気づくこともあるでしょう。対象の細部が見えてくるにしたがって、精神も細分化してはたらきはじめます。目と精神が少しずつ鍛えられてくるのです。

精神がはたらくとは、こころの中で〈ことば〉が動くということです。はじめは「コップ」ということば以外なにもなかったところに、今ではさまざまなことばがうごめき始めている。「何も書くことがない」と思っていたコップについて、なにか書くことの片鱗が見つかるような気がしてきます。

冷たく重い世界（沈黙）
小さなコップに
海底がうつる
落ちていく落ちていく。
水面の光は内へ内へと
集まって、光のうずを作る。
そのうずは海の中の
波の動き。
黒い服が映っているのと、
前の席のイスの足、
海底のカベの林。
その間を
ぬうように
泳ぐ
机のスミ
が映ってる。
海底を通る
レール。
どこまでも先へと
……
（未来へ？）
自分の座ってる机
巨大な魚の影
海底を泳ぐ
泡は海底
から上がる
ワキ水と一緒に
上へとのぼる。
水が増えそう。
底には上からさした光が
一本の線になって輝いている。
底だけは、白い世界（心の底にある
希望？）

国文二年　中島小百合

それらのことば（断片）を捉えてひとまずデッサンの周りにばらまくように書きとめましょう。絵を描きながら、ことばが浮かんだら、そのつど書きとめる。最初のうちはあまり価値を考えることなく、思いつきのように気楽に、浮かんだことばを書きとめることにしましょう。「こんなことはたいして意味がないのでは？」などと考え出したらきりがなくなります。それよりも、今は、自分の思考の断片を記録し、貯えることに専念しましょう。書きとめたものの中に、あなた独自の発想が隠れているのです。それを検討し、作品の材料として生かしていくのは、次の段階の作業になります。

蓄積したメモを検討する

メモがある程度蓄積されたら、それを検討してみましょう。

一見無秩序にばらまかれているようなメモも、内容によってだいたい次のように分類することができます。

A　目に見えること
B　見えるような気がすること
C　頭の中で考えたこと

両方にまたがっていて、決めかねるものもありますが、おおむねこのどれかに分けることができます。実際に、私の学生たちの作品（メモ＝断片）の中から、それぞれに該当する例をあげてみましょう。

A「目に見えること」を書きとめたメモ（断片）

これは、客観的に見えることとです。誰が見ても、目をその位置へ持ってくれば、見えることをことばにしたものです。

○光が机まで、つきぬけている。（生活二年　小川佳織）

○うすい白、濃い白、いろいろ、グルグルまざって、ごちゃごちゃな白。（国文三年　豊田育子）

○コップを本の上へ乗せてみよう。触れ合った所から、ゆらゆら光が現れる。遠近感の歪んだ世界。曲線ばかり受け入れて、どこもかしこも不安定にする。（文芸一年　澤井智恵）

○ふいに流れたあったかい風が、透明なガラスをくもらせた。

○しかし全てが重なることはあっても、混ざることはない。
（国文三年　最上由希子）
○私が動くだけで変化させることができる。
（言文三年　平野江梨子）
○中がゆがみ、向こうがゆがみ、私の顔もゆがむ。中と外が混ざり合い、上と下がなくなって、昼と夜が混在する。
（言文三年　平野江梨子）
（国文三年　吉川珠世）

B「見えるような気がすること」を書きとめたメモ（断片）

これは、目で捉えた映像を想像力によって補うことによって見えてくることです。他の人には見えるとはかぎらない。説明を受けると、なるほどそういわれれば、とうなずけるようなことがらです。

○誰かがいるのではないか、というような気配を感じさせる。
（言文三年　川本香）
○近づこうとすればするほど、またさらに広がり、遠ざかっていくように思

われる。　（言文三年　大下綾）

○人には聞こえない音楽が鳴り響き、……　（国文三年　久保田敦子）

○雲のすき間から太陽の光が射し込んでいて、ガラスの国をこうこうと照らす。それは眩しくて、今にも神様が降りてくるようだ。　（国文三年　神谷規子）

○あ、魂が、心が、通り過ぎていった。　（国文三年　坪井令子）

○海に水没した古代都市。　（国文三年　則武由紀）

○逆に降る雪。　（国文三年　内藤太石）

○外界との境にはドラゴンかな、それとも見たことはないけど幽霊のしっぽかな。この世を通り過ぎようとして見付かっちゃった！　（国文三年　上野しのぶ）

○宇宙への扉がこんなところにあったのね。　（国文三年　松原加奈）

○中央には踊る人。にらみつけるおじさんもいる。底にはしのびよる手。　（国文三年　齋藤寛子）

○そこで王様はくの字に曲がって逆さまな母はそれをなだめ。　（国文三年　山中緑）

○止まっている時間がある。　（国文三年　嵯峨史恵）

C「頭の中で考えたこと」を書きとめたメモ（断片）

これは、視覚とは直接に関係のない、抽象的な思考、過去への回想、未来への予想などをことばにしたものです。

○本当の透明はどうやったら見えるのだろう……。（国文三年　川本佳代）

○私が持ち上げると宇宙は傾く。私が落とすと宇宙は消える。ビックバンも、世界の終わりも、みんな私の手の中にある。繊細で美しい、小さな、小さな宇宙。（国文三年　川本佳代）

○私は水を見ているのか、それとも光を見ているのだろうか。（言文三年　石川千津子）

○そんなとこ見られたら、はずかしいじゃないか。（国文三年　犬飼有美）

○お父さんが口づけしたブランデーのコップ。今はもう棚の中で眠っているコップ。誰かのはきれいなのにお父さんのは疲れている。（言文三年　鈴木実奈）

○この空間の中心は右斜め上にある。そこから存在のすべては、退屈な無感覚へと拡がっていく。
（言文三年　服部加苗）

○すべての始まりのような、でもすべての終末のような、この計算上の限りない自然。前にしか在り得ないのに、何処にでも存在するもの。相反するものが生み出すこの小さな、大きな世界には、「宇宙」の暗示を遠くに照らす力がある。
（言文三年　渡邊禎子）

○私は今、一体どこにいるのだろう。
（国文三年　吉満智子）

文章の方向性

メモがある程度蓄積したところで、あなたのメモには右のＡ〜Ｃのどれが多いか、調べてみましょう。

コップを前にして、あなたの感覚と精神がどのように反応したか、が見えてきます。Ａの多い人は「視覚型」、Ｂの多い人は「空想型」、Ｃの多い人は「論理型」、とひとまず名づけることができるかもしれません。大ざっぱな分類ですが、ものを見たり、文章を書くときに、あなたの精神はどのような傾向をもってはたらくか、がある程度明らかになるといえるでしょう。

さて、メモをトータルにながめると、自分の感覚と精神が、どのように反応したか、がわかると同時に、これから書こうとしている文章の可能な〈方向性〉が見えてきます。〈方向性〉は複数の場合もあります。このコップについて、これから自分はどのようなことを書こうとしているか、あるいは、自分にはどのようなことが書けるか、がおぼろげに見えてくるのです。

全体の傾向とは別に、「これは発見だな」「他の人は書かないだろう」と思われるメモ〈断片〉が見つかることがあるでしょう。そういう場合には、それを中心に作品の方向性を組み立てることにします。漠然としていた方向性がかなり明瞭なものに変わってきたら、それを頭に置いて、改めてコップに向かう。メモを取りながらもう一度コップを見直し、新たな断片を蓄積する。ある程度の方向性が予定として見えてくると、すでに書きとめられていたメモの中にも「これは使える」というものが見つかるものです。どんなものを補わなければならないかも、およそ見当がついてきます。こうして、さらにメモを補います。……これはすでに、実際の文章（作品）の材料となることばを貯えていく作業でもあります。

2　こころとことばを自由に

発想を生かす

実際に教室の中で作られた学生たちの作品を見てみましょう。まずはデッサンをしているうちに観察から得たさまざまな認識（メモ）を素材としてまとめられた作品です。

> 夕日のコップ　　　　　　英米一年　永草順了
>
> ガラスは夕日を浴びて黄金色に輝いている。陽の部分は明るく、陰の部分は自らの光沢を残しているだけだ。光の加減は常に一定ではない。向こうの世界は大きく歪んでいて、直線は曲線に、文字は幅広くなっている。片手に

おさまる程の大きさなので、持つと手の指紋が更にくっきりと浮かびあがる。そのままてすこし揺らしてみると、中の気泡が消えたり現れたりきまぐれに震えた。気泡が星座だとしたら、水の中の世界はさしずめ宇宙といったところだろう。更に上から見降ろすと、あたかも自分が神になって宇宙を司っているような超越的な気分になった。やがてコップ全体から明るさが消え、自らの光沢を残すのみとなった。そう、日が沈んでしまったのだ。あの柔らかい雰囲気から、固く引き締まった様子へと変化をとげたコップは、私と距離をおこうとしていた。部屋の明かりを付けても先程までのコップは戻ってこなかった。

誠実にコップを見つめて得たさまざまな認識の断片の中から、「夕日のコップ」というメモ（発想）に注目、これを文章の方向性として設定して作品を構成しています。「夕日」とは直接に関わりのない認識（メモ）も途中で有効に使用されて、文章にふくらみ、あるいは遊びの効果を添えています。カリキュラムの関係で、作者たちが私の講義を受けたのは、晩秋の午後。授業の終わる頃には日差しの弱まりを感じる日もありました。「夕日のコップ」のイメージには自宅での経験も加味されているかもしれませんが、発想はあの季節がもたらしたものだと思います。

水の入ったコップ

国文三年　橋本佳保里

コップの中にあるのは、子どもの夏休みだ。毎日がただ暑く、おもしろく、いつも何か新しいものを見つけてははしゃいだ、あの夏休みだ。聞こえてくるのは、ラジオ体操第一のテーマだ。とび起きて首にカードをぶら下げ、空き地へ走る。あ、お向かいの荒井さんも遅刻だ。昼には皆で、プールや蟬とり。畳にほっぺたをくっつけて寝こけたり……。塩素の匂いや、うるっさい蟬の声。斜めに見えたすだれの影、風鈴の音、蹴っとばして割った蚊やりブタ、何もかも。走って走って追っかけた「わらびもち」のおじさん。五十円玉を握りしめて、皆で走る。私は息が切れて声にならない。黙って手を突き出す。おじさんも黙って受け取る。「いつもの……。」ようやく誰かがいう。そういう〝いつも〟がいつもあったあの頃の夏休みだ。そうか、三ッ矢サイダーだ。なまぬるく冷えたあの三ッ矢サイダーだ。石段に座って、皆で回し飲みした、あの頃の私達には唯一の贅沢品。

この作者たちが私の講義を受講し、教室で作品にとり組んだのは、初夏の真昼。机上に置かれたコップは光を受けて賑やかに輝いています。作者はその印象的な賑やかさを、「コップの中にあるのは、子どもの夏休みだ」と捉え、ほかのメモをすべて捨てて、「夏休み」を呼び起こすメモだけをあらためて補充し、作品化したのです。「……だ」の文体を冒頭と終わりに繰り返して、こどもの夏休みの印象をスピード感のうちに盛り上げています。作品全体が「夏休みだ」の文体のうちにあるといってもいいでしょう。

「見る」「見える」に注意

「水の入ったコップ」を見て作品をつくる、という課題にとり組んでいるのですから、どうしても文章の中に「見ていると……」とか「……が見える」の類の表現が多くなりがちです。これらの説明語は、できれば使わないほうが望ましいのです。

実際には見えないものをあえて「見える」と表現するときには文芸的な効果が生じますが、見えるものを「見える」と書いたのでは退屈になります。発想の説明をすることと、発想そのものを作品の中で生かすこととは、別なのです。

これについては、第2章で「思ったとおりに書く」について、あるいは「覚えている」「思い出す」について述べたので参照してください。

水の入ったコップ

国文三年　田中祐里

かすかな振動でも揺れる、繊細な水面。耳をすますと、聞こえてくる讃美歌。揺れる水面。透き通った歌声。ステンドグラスの窓からふりそそぐ光。キラキラ光る、宝石箱の宝石。虹のかけら。赤ん坊の頭にふりそそぐ聖水。光に揺れる水。響きわたる赤ん坊の泣き声。揺れる揺りかご。朝の光がもれているレースのカーテン。風に揺れるカーテン。揺れる光。やがてこの子がこどもになったら、アリスのように不思議の国へ。たとえば、コップの向こうの逆さまの世界。こっちが右手を出せば、向こうは左手を出す。すべてのものが左右逆さま。それからたとえば、コップの中のめちゃくちゃな世界。あらゆる風景、あらゆる世界をとり込んで、どこがどこだか、何が何だか分からない。揺れる世界の揺れる風景。そして揺れる光。風景のかけら。キラキラ光る風景。透き通る光。いつのまにか、聞こえなくなった讃美歌。静かに揺れる、繊細な水面。

見えているる水面や光をことばでとらえ、見えるような気がするさまざまなイメージを比喩的に扱っていながら、「見る」「見える」を一度も使っていないところに、この作品の技法上の特長があります。

　見えるものを基調にしながら少しずつイメージをふくらませて重層的に展開していく手法は、音楽のフーガを思わせます。単調なモチーフが少しずつ変化していき、やがて複雑な盛り上がりを経て、ふたたび単調のうちに収束する。文章とは、時間の中で展開する表現だということを、あらためて気づかせてくれる作品です。

描写を超えて

　これまでに紹介してきた作品は、主として視覚を中心にしたものですが、これらにもすでに、先の分類のA・Bをはみ出して、目には見えないCの認識が微妙に作用していたことを見逃してはいけません。

　例えば、最初の「夕日のコップ」（九七ページ）についていえば、「自分が神になって宇宙を司っているような超越的な気分」とか「コップは、私と距離をおこうとしていた」などに見られる表現です。これらのことばが捉えられることによって、作品に深みが加わっています。

視覚から発しながらも視覚を超えてはたらく認識の断片が作品の中心を形作っている例を見てみましょう。

遠くから眺めてみれば……——水の入ったコップ。

国文三年　鰐部美幸

それは例えば一枚の春に輝く花びらだったり、人類の夢をのせ飛び立ったスペースシャトルだったり、はたまた高層ビル、宝石だったりする。生きるため死ぬために大きな夢を両手に抱えて、気がつくと、世界はぎらぎらと輝き、人はまた新たな夢に向かって努力している。その繰り返しの中で人は宇宙よりももっと大きな空間をみつけ、ある日の夕方、私がその空間に散歩に行き、私たちの世界を遠くから眺めた時、そこには無数の黒い穴があり、その中に、苦しみ悲しみのゴミ袋や、木や花の叫びのゴミ袋、うそつき恨みのゴミ袋、沢山のゴミが厳重に縛られ捨ててあるのに気づくのだ。私は地球に帰り誰かに話そうとするが黙ったままで何十年も生きる。その間、人類のすばらしき夢は、人類の誇りという名のもとに、いつまでも終わらない。
夢中すぎて気づかないことも、ふと、その外に立って改めて眺めてみると、様々なことに気づくのだ。

「ある日の夕方、」以下の叙述にみるリアリティーはどうでしょう。華麗に輝くコップの中に「無数の黒い穴」「ゴミ袋」のイメージをことばで捉えたことによって、まさしく〈自分にしか書けないこと〉が実現したのです。偶然のようにして見つけた「ゴミ袋」というふしぎな断片を少しだけ追究してみると、自分の中からさらに予想しなかった叙述が生まれてきて、本人も驚いている姿が見えるようです。こうして目の前のコップは、暗い影を伴う人類史のミニチュアのような意味を持ちはじめました。しかし、あらかじめこのようなニヒリスティックな「主題」を用意して書いたとしたら、この印象の強さは実現しなかったでしょう。自分は何が書きたいか、何が書けるか、明確に意識しないまま、コップを執拗に眺め、断片を見逃さなかったところに、この作品の始まりがあります。描写から始めて、いつの間にか描写を超えたイメージへたどり着いてしまった。作者の感性が導いたといえばよいのでしょうか。

比喩と連想

私たちは、普通、コップを見なくても一般的な知識としてさまざまなことを考えることができます。しかし、そのことと、いちど目の前にコップを置いた上で、それから離れた「幻想」や「連想」を文章にすることとのあいだには、微妙な違いがあります。

実際にコップを見ることによって得た細部の情報がある場合には、それが幻想や連想を側面から支えて、作品にリアリティーを与えるからです。

たとえば次の作品、——

水の入ったコップ　　　国文三年　小田正志

たくさんの光の中で、あなたの透き通る肌は全てのモノを隔て、それらの光を体内に集めることをも拒み、存在している。あなたの体内に存在するであろう心の目は、全ての世界を歪んで捉える。そう、あなたの心の目で写す私の顔は、毎日変化し、必ずどこかが歪んでいる。あなたはいつも、イソギンチャクのような口を開き、彼らの出入りを許可している。そう、彼らとは、H_2O だったり、Ca をたっぷり含んだ色白の彼であったり、たまに、色白の彼のイトコが、あなたの所に遊びに来て、ケンカをして、イヤーなアトを残して帰って行く。しかし、あなたは、シャワーを浴びて、ヨゴレを流し、なにもなかったように、いつもの場所に並んでいる。そして、タコのように丸っこくて太い足で、どっかりと座りこみ、次の来客を待っている。私はいつも、あなたのその目を惹きつける腰のクビレにひかれて、あなたを撰んでしまう。あなたは、そんなグラスです。

哀しくもけなげな女性を見るように、コップを眺める作者の、やさしくてトボケた文体。重要なことは、コップを女性に喩えたのであって、女性をコップに喩えたのではないという点です。この作品は、コップからスタートしているのです。そこに生まれた連想と比喩なのです。

このなんともふしぎな味わいを持った作品を読み返すと、私は、この作者が教室へ持ち込んでいた「丸っこくて太い」「腰のクビレ」を持ったコップ（グラス）を思い出して、思わずひとり笑いをさせられてしまいます。

テーマからの氾濫

右の作品にもすでに、文章が当初のテーマの範囲（と思われた枠）を超えてはみ出していくさまが見られたと思います。

「これが水の入ったコップか」

「こんなのあり？」

という声が聞こえてきそうです。

目の前にコップを置いて、こころに浮かんでくるさまざまなことば（意識の断片）をメモしていると、先に分類したA〜Cのうち、特にCの中には一見したところ目の前のコップからは遠い発想が潜んでいることがあるものです。

たとえば、教室の学生たちの中にはメモをしているうちに、

「彼の部屋のコップ」

という発想を得た人が二人ありました。それを比較しながら紹介しましょう。

水の入ったコップ

国文三年　三枝由貴子

会いたくなってしまうのです。教室のこのコップは、彼の部屋の双子の片われコップとひき離されて寂しそう。教室には私ひとり、じっとコップを見つめている。だから会いたくなってしまうのです。

双子たちはつながっているのです。私のコップに波を起こせば、彼のコップにも波が起こる。少し動くだけでゆらゆらと踊る水も、光も、同じように彼の前でゆれてみせることでしょう。距離があるぶん、少しだけ威力を増して。

そばにいてしっかり手をつないでいてもどこか不安なのです。本当につながるということが分からないから。でも双子たちはつながっている。きっと私たちも同じなのでしょう。私の波は彼のもとへ、そして彼の波は私のもとへ届く。距離があるぶん、少しだけ威力を増して。会えなくても彼のことは分かるのです。今彼は寂しいのかもしれない。だから会いたくてたまらなくなるのです。

この作品の場合、A（見えること）が根底にあってC（考えたこと）へ叙述が展開しています。あるいは、AとCを等分の比重で扱っている、といってもいい。目の前のコップから「彼の部屋のコップ」へつながっていく意識が見事にことばで捉えられています。その意味で「水の入ったコップ」という課題の要求範囲内に自然に収まる作品です。コップから恋愛心理を引き出しているところに、若い作者の詩的な個性が表現されています。

では次の作品はいかがでしょう。同じく「彼の部屋のコップ」という発想です。

水の入ったコップ

国文三年　安藤有紀

彼の部屋のそこには、いつもガラスのコップがあった。冬はコタツになるテーブルの上のそれに、彼はいつも水を注ぐ。水道水でなければいけないらしい。水道水が好きなんだと彼はいう。気がつくと彼はそれを飲んでいた。金属くさくてとても美味しいとは思えないそれを、いつも口にしていたのだ。

別れてから初めて、彼の彼女じゃなくなってから初めて行ったときも、それはあった。覚えているよりもコップは随分と薄くて、随分と透きとおっていた。空になったので「水、入れてこようか」と私がいうと、「自分でやる」と彼は短く呟いた。彼女じゃなくなるってこういう事かと、私は少しだけ淋しくなった。

それでも彼の部屋にはいつもコップがあり、彼はそこに水を注ぐ。絶対に水道水でなければいけない。私のことが要らなくなっても、水の入ったそれだけは、これからもずっと彼の隣りにあるのである。

提出された原稿には欄外の余白に「詩というより、オチのないショート・ショートみたいになってしまいました（笑）」と作者のコメントが付いていました。目の前のコップに結びつく情報はまったくとり上げられていません。でも、読ませますよね。短編小説の手法で作られた、別世界が実現しています。

これは課題のテーマからはみ出し、〈氾濫〉していった先に生まれた作品です。とはいえ、発想は、まさに目の前のコップから得たものという点で、私はこういう作品も高く評価したいと考えます。

テーマへの反乱

与えられたテーマとそれへのアプローチのみちすじにしたがって、さまざまなことばをメモしているうちに、ある時点で、それまでの努力をすべて否定し、まったく新しい発想で出直したくなることがあるものです。

発想がテーマから〈氾濫〉し、やがて、テーマそのものへの〈反乱〉となって動き始めるのです。

創造の現場では、こういう衝動が大きなエネルギーをもって、まれに傑作を生み出すことがあります。読者（鑑賞者）との関係でうまくいかなければ、全否定を受ける結果に終わることもありますが、その間の差は、紙一重といってもよいでしょう。文章に限らず、創造的な仕事にたずさわる者は真剣であれば時にこういう瀬戸際に立たされるものです。

水の入ったコップ　　　　言文三年　間宮千華

えーみなさん。大変長らくお待たせ致しました。今世紀最大のイベント、今まさに始まろうとしています!!　まずは両者入場。その透き通る体に何を秘めているのか、チャンピオン、コォォォップゥゥ。対しまして挑戦者、日本映画界のトップスター、ゴォジラァァァ。

おっといきなりゴジラ飛びかかる。火を吹いています!! これは熱い、コップ熱い!! しかしさすがコップ、水をこぼし、その火を消しましたっ!! 続いてコップの反撃ですっ!! おっとコップ高くジャンプしたっ。ゴジラの頭にかぶさったっ!! ゴジラ息ができない、ゴジラ息ができないっ!! ゴジラ苦しそうっ。ゴジラさあどうするっ、おっとゴジラ片手を大きく振り上げたっ。特大パァァンチ!! コップなんと割れてしまいました!! しかしゴジラ、コップの破片が目に突き刺さったようです!! これは痛そうっ!! ゴジラ足元がおぼつかないようですっ。あっ!! 倒れるっ!! 危ないっ!!

ゴジラの胸に大きな破片が突き刺さりました!! どす黒い血がどくどくと流れております。この勝負、コップの勝ちぃぃぃ。

誰がこんなことを考えるのでしょう。作品〝評価〟のために読みながら、私は笑いの涙がとまりませんでした。作品返却の日、作者として私が想像していたのはジーンズ姿のボーイッシュな学生でしたが、実際に名前を呼ばれて立ち上がって来たのは、ドレスに身を包んだ、しとやかな女子学生だったのです。

真剣さの果てに、その努力を〈遊びごころ〉の中へ再生させた作者に、私は日をみはりました。〈作品〉としての文章の力、ということを改めて思い知らされながら。

第4章 文章は〈断片〉によって輝く 1——メモ論

1　メモは作文の中心作業である

すべての文章は〈メモ〉という断片からはじまる

「頭の中が真っ白になる」といういい方があります。緊張の極みや、ファインプレーの瞬間などの心理を表現したことばですが、文章を書こうとして「何も書くことがないっ！」という状況に置かれたときの焦りのイメージとしても使われます。それほどまでに、私たちは幼いときから作文や試験の場でこの恐怖におびえており、それが潜在意識となっていまも心の奥に潜んでいるのかもしれません。

でも、本書の第2章や第3章で経験し試みたように、もともと文章というものは「何も書くことがない」状態から書き始めるものであり、それが正常なのです。逆に、「書くことが前もってある」場合の方が、創造的な文章にとっては、危険な落とし穴となるのです。それは往々にして他人の知識の受け売りであったり、どこかで読んだ書物のことばの焼き直しであったりすることが多いからです。

「何も書くことがない」状態からスタートして、「さて、何を書くか」。この時〈メモ〉が本来の威力を発揮します。文章は原稿用紙やワープロを前にしたときではなく、まさにこの〈メモ〉によって書き始められるのです。与えられた、あるいは、みずから設定した課題に対して、「私には何が書けるか」をさがす作業、それは〈メモ〉用紙にいくつかの思いつきを断片的なことばとして書きとめてみることから始まります。

文章を書くという作業は、すでにどこかに（頭の中に？）在る「内容」というものを、文字に置き換えていく仕事だと、誤って考えられることがありますが、実際はそうではありません。「内容」は書かれる前にどこかに在るものではなく、書くという作業によって同時進行的に少しずつ作られてくるものです。だから「文章を書く」とは「考える」ことほとんど同じ作業です。漠然とではなく、もっとも厳密に考える、それが「文章を書く」という仕事です。

この「考える」作業を支えてくれるのが〈メモ〉です。

「頭の中のメモ」

「考える」という作業は頭の中でできる。たしかにそのとおりです。日常のさまざまな場面で、私たちは「考える」ことをしていますが、ほとんどメモを取ることもなく頭の中で処理しています。

文章を書く場合にも、単純なことなら、そして、短時間であったら、頭の中の思考で間に合うこともあるでしょう。しかしこの場合にも、頭の中には一種の〈メモ〉が展開されていると考えることができます。「えーと、何だったっけ?……あ、そうそう」と独り言のようなことをつぶやきながら、ことばの断片をよびおこしていくことになります。これを「頭の中のメモ」と呼ぶことにしましょう。手軽で便利な方法です。

「頭の中のメモ」の最大の欠点は、本人の意思に関係なく、消えてしまうことがあるという点です。夢の中ですばらしいアイディアが浮かび、「よし、これで行こう」と一安心してふたたび眠ったところ、翌朝にはすっかり消えてしまっていた、という話は文章を書こうとする人々がよくする冗談です(逆に、ねむい中でわざわざ紙をとり出しメモしておいたのに、朝になり読んでみたらタワイモナイことだった!　という「悲喜劇」もありますけどネ)。

人間の記憶力には限界があります。「頭の中のメモ」はワープロ画面の「上書き」に似て、新しいことばが書き込まれると、先に置かれていたことばは次々と消去されていってしまうのです。なぜなら脳は次々と新しい情報を受け入れ、新たに考える仕事も担当しているから、記憶の保存だけにかまけていられないのです。

ここに記憶に頼る「頭の中のメモ」の限界があります。

〈メモ〉は過ぎ去る時間を止める

ことばは書きとめないかぎり頼りないものです。どんなによいアイディアが浮かんでも、どんなにすてきな表現を思いついても、それをどこかに書きとめておかないかぎり、やがて私たちは忘れていってしまいます。ことばは文字として残されてはじめて、確認することができるものとなるのです。文字として書きとめておけば、あとからそれをもう一度読むことによって、命をふたたび呼び戻すことができる。発想が浮かんだときの周辺のことがらさえ呼び戻すことができるのです。

文章を書くという作業は考えることと同じといってもよいくらい、「考えること」の連続によって成り立ちます。その「考える」ということは〈ことば〉によって、あるいは〈ことばの断片〉（単語、語句、フレーズ、文の一部など）によってなされていきます。

立ち消えないうちに、それらを紙の上に書きとめる。これが〈メモ〉という作業です。価値があるメモなのか、たいした意味のない事柄なのか、判断はあとから下すことにして、ひとまず紙の上に書き散らす。この場合、脳裏に浮かんできた順序は、たいして意味がありません。きのう思い浮かべたこととききょう気づいたことが同一の紙の上に、等価のものとして、ばらまかれていくことによって〈メモ〉の潜在的な力が蓄積されるのです。

与えられ、あるいは、みずから設定した課題について文章を書こうとした時点から、折々、断続的に考えてきたことが、時間の闇に消えていってしまわないで、同時に一望のもとに見渡せるようになるところに〈メモ〉の価値があります。

一望のもとに眺められるから、もうこうなれば、「私には何が書けるか」「私は何が書きたいのか」がおぼろげに見えてきます。材料は整ったのです。

あとは、どれとどれがつながるか、どれを拾うか、どれを捨てるか、どういう順序で並べるか……など、関係の探求、価値の計量、叙述の順序といったことが問題になります。いくつかの可能性の中から、一つの叙述のみちすじを作っていく、やや思索的な場面です。

ここでは腕組みをしながらしばらく楽しい時間を過ごすことにしましょう。

創造的発想はいつも断片的に現れる

木からリンゴの落ちるのを見て万有引力の法則を発見したというニュートンの挿話は誰でも知っています。アインシュタイン（だったか？）にも、夢の中で蛇が自分のしっぽをくわえるのを見て相対性原理を思いついた、という挿話があります。どちらも後世の人の作り話なのでしょうが、妙に人を惹きつけるリアリティーがあります。創造的な発想は時として一見たわいもないような形で姿をあらわすものだということを人々は経験上暗黙のうちに知っており、それを天才的な科学者の業績へ投影しているからです。ここで重要なのは、これらの挿話が歴史的に事実なのかどうかではなく、これらのエピソードに秘められている発想のふしぎな構造です。それが人々を惹きつけているわけです。

他の人は書かない「自分にしか書けないこと」を当面の目標として〈メモ〉をとっている私たちは、いわば、このエピソードの中のニュートンやアインシュタインのひな形を演じていることになります。

ふと浮かんだイメージ、思いついたことば、それらの書きとめられたメモの中に「リンゴ」があり、「蛇」が潜んでいるのです。メモの段階で浮かんでくることばは、たいていの場合、片々たる〈断片〉です。まだ定着しない迷いの中のことばです。首尾一貫した論旨の中に閉じ込められない、揺れることばです。

それは、そのことばが思考の先端を担っており、思考そのものが揺れているから、当然のことです。本人にも時には真の意味が見えていないことだってあるでしょう。

もしも〈メモ〉のとり方に技術があるとしたら、その〈揺れ〉を残すことでしょう。〈メモ〉は「まとめ」ではない。常に未確定の〈ことば〉と〈発想〉が生成している現場です。既成概念や常識で置き換えてしまったり、ゆがめてしまわないこと。まして、「こんなつまらないことを」と自分を過小評価して、大切な発想が顔をのぞかせている〈断片〉を捨ててしまわないこと。そんなことを心がけてください。

手に鉛筆を持って

はじめは何も浮かんでこないように思われたメモも、手に鉛筆を持って、考える姿勢をとると、不思議にいくつかの思いつきやことばが浮かんでくるものです。手に鉛筆を持つことによって、身体とこころが文章を書く姿勢を整えてくるのです。ことばとは別に、イメージや風景が浮かんでくることがあるかもしれません。その場合には図式やスケッチがメモとして書かれることにもなるでしょう。いったん書きとめると、もうそれは逃げていきません。ぼんやり眺めていると、いま目の前にあることばやイメージが刺激になって、新たなイメージや、発想、ことばが浮かんできたりします。これも書きとめます。

あるところまできたら一旦中止し、気分転換をはかります。連想と飛躍を図るためです。おしゃべりをしたり、買い物に出かけたり、一晩放っておいたり……この中断は書こうとする文章の長さや中身によって微妙に違ってきますが、創造的な文章のためにはきわめて重要なことです。ふたたびメモをひろげたときに、以前とは別の感覚がはたらき、新たな展開が可能になるからです。新しいことばが追加されるし、すでに書かれているメモとメモの間に意外な関係（結びつき）が発見されたりします。メモとメモがスパークを起こし隠れていた光を放つといってもいい。

このようにして、集中と中断を何度か繰り返していると、自分のメモの蓄積がそのまま思考の蓄積になっていることがわかってくることでしょう。〈メモ〉は思考の先端であり、文章生成の現場そのものなのです。

メモに時間をかける

文章を書くという仕事は、芸術やスポーツと同じように、楽しい一面を持つと同時に、真剣にとり組むほど、労苦を伴うという一面も否定できないでしょう。労苦を少しでも軽くする方法があるとしたら、それは〈メモ〉に時間をかけることです。

〈メモ〉の中でおこなう作業の中身を列挙してみると、

①思いつくことを書きとめる（狭義の「メモ」）
②メモを増やす
③何が書けるか・何が書きたいか、が見えてくる
④拾うメモ・捨てるメモ、を選り分ける
⑤さらにメモを補う

⑥実際に文章で使う語句やレトリックを確定し、「内容」の断片をつくる
⑦叙述の順序・段落・章だて、を考える

といったことになるでしょう。

特にこの⑥の作業を具体的に行うことが重要です。いま書こうとしている文章の、ところどころの「見せ場」「かなめ」、あるいは「隠し味」ではあるけれども作者の「思い入れ」のあるところ、それらを実際の内容（ことば）として書いてみるのです。「書き出し」や「結び」のセンテンスもメモの段階で書いてみるとよいでしょう。あとから軌道修正を受けるとしても、こういったことは、「内容」をより具体的に作るし、一種の「助走」として文体の練習にもなるからです。

メモには二種類がある

いわゆるメモは、忘れないための備忘録ですが、右に述べてきた①から⑦までの作業を整理すると、〈メモ〉の中身は次の二つに分類できることがわかります。

a　文章の〈部品〉としてのことば（語句・文）の蓄積＝実際に文章（作品）の中で使

われる可能性のある〈ことば〉を書きとめたもの。〔文章の材料置場〕

b　文章の〈構想〉〈方向性〉をしめす方針案＝着想や関係、叙述の順序などをしめすことばや図形（線・矢印など）を含む。〔文章の設計図〕

このうち、特に重要なのは、aです。文章の場合、〈ことば〉を離れて、「内容」は考えられません。ことばを書きとめることは、とりもなおさず「内容」の一部を作っていることになります。〈メモ〉が充実してくるということは、ことばが、まだ漠然としている「内容」（自分が書きたいと感じていること）を鮮明にしてくること、「内容」を裏切らないようにことばが整えられてくることを意味します。ここまでやって置けば、あとは比較的軽度の努力で、全体の記述にかかることができます。

以上のように考えてくると、「〈メモ〉は思考の先端であり、文章生成の現場である」と私が述べたことの意味がわかっていただけると思います。

2 〈メモ〉も作品である

「完成作」だけでなく

文章を書く、あるいは、文章を書いて人に読ませる、ということが事実上一部の知識人にのみ許されていた時代にあっては、完成作だけに意味があった、といえます。文章を書く技術は、選ばれたエリートの秘められた名人芸のようなものであり、文章のでき上がるまでの苦労などを、他人に見せることは、むしろ恥であると考えられていたのです。昔の文人などには、そういう人が多く、その考えは、いまも根強く尾を引いて残っています。これが、第一章でも触れた国語・作文教育における〝名文崇拝主義〟を生み出す土壌になっています。文章を書く人と、読む（読まされる）人は、それぞれ別世界に住んでいて、読む世界の人間が、書く世界へ入っていくことを、さまざまな神秘性のバリアを設けて心理的に妨げていたのです。だから〈メモ〉の公開などという「見苦しい」ことは行われませんでした。完成作だけが公表され、制作過程は闇に被われがちになっていました。

しかし書く人間が急激に増加してきた現代では事情が違います。現代では誰でも書こうと思えば、書くことができるのです。ワープロ、コピーなどの普及によって、誰でも自分の文章を活字で大量に印刷することができる。インターネットによって多くの人に読ませることができる。いわば、プロとアマの境界があいまいになってきているのです。かつて「文士」と呼ばれた人々に担われていた「純文学」や「文学小説」は行き詰まり、狭義の「文学」とは一見無縁にみえる若い人々の思考回路や感性が時代の文化を動かし始めています。

私はそういう若い人々にこそ「自分を表現する」文章を書いてもらいたいと考えています。そのためには、自己表現の文章を書く手続き（特に〈メモ〉）を客観化し、その中に潜む普遍性を追求して、一種の標準化を図りたいと考えてきました。

いわゆる「文書」の作り方ではない、また、首尾一貫した長編の完成作でなくていい。なによりも自己表現の文章を心がけたときの、制作過程の体験を通じて、その人なりの手がかりを摑み取ってほしい、というのがねらいです。

【余話】
「断簡零墨《だんかんれいぼく》」ということばがあります。作家の個人全集などでメモなどを含む全作品を余すところなく収めるときなどに使われることばです。『漱石全集』（岩波書店）などもそう謳っていますが、文章表現の立場からいうと、漱石はメモ類などはほとんど残さなかったようで、参考になる資料としては不十分といわざるをえません。個人全集では、淀野隆三・中谷孝雄の編集になる『梶井基次郎全集』（一九六六年、筑摩書房刊。その後新版一九九九年〜）が画期的なものでした。これは、習作・メモ類・手帳などを収めており、いわゆる「完成作」は全体の六分の一にも満たないという、それまでに類を見ないものでした。文章表現の立場から見ても、メモから完成作へ至るみちすじをうかがうことができる貴重な資料といえます。

〈メモ〉における混沌と偶然

〈メモ〉における創造過程の核心部分についてまとめておきましょう。

個々のメモをその時々の思いつきのままに用紙に書きつけていると、やがて紙の上にはたくさんのことばが一見無秩序にばらまかれてくるでしょう。これを以前に私は夜空の星座になぞらえたことがあります（『新作文宣言』一七八ページ）。

一見無秩序に見える星々を一つ一つ線でつないでいって「白鳥」が見えてくるように、メモの中から自分の書きたい文章が見えてくる。はじめから「白鳥」が見えているわけではありません。おぼろげに見えるような気がする像の予感に導かれて、ひとまず線を引いてみる。やがて明確な「白鳥」をさぐりあて追究していく……。線の引き方を変えれば、別の絵が見えてくるかもしれないのです。

この〈混沌〉とした中で〈偶然〉のようにして結びつくことばの〈断片〉によって作られてくる文章のみちすじ。それが〈メモ〉における思考の飛躍の瞬間です。

ここへ至る作業は、スリルに満ちた微妙なものです。本人にとっても迷いと驚きをともなう楽しみの時間です。そこには予定外の展開があり、創造の喜びがあるのです。

いわゆる「主題文」の危うさ

文章を書くときに、あらかじめ書こうとする内容を主題文としてまとめ、それにあわせて叙述を進めていくという方法があります。多く用いられる方法なのですが、メモよりも先に主題文をセットするとしたら、あまり創造的な方法とはいえません。

もともと「主題」「主題文」の語は、作品を読む側の視点（つまり読解・鑑賞の側）に立った教育用語です。受験国語のことばといってもいいでしょう。「この文章の主題は何か」とか「この文章の主題を表す一文を本文中より抜き出しなさい」というわけです。

この場合には、対象となる作品は完成作（多くの場合「名文」！）です。すでに完成しており、一字一句変更することの許されない、不動のものとして固定した作品です。その文中から、主題をあらわす文を見つけるのは、それなりに意味のあることでしょう。

けれども文章表現の場で問題なのは、これから生まれてくる文章、いわば可能性に満ちた未定の文章です。制作の早い段階で「主題文」をセットしてしまうのは、文章表現を形式的に固定したものとして捉える考え方です。それは、「内容」というものがあらかじめ固定したものとしてどこかにあり、書くとはその「内容」をことばで再現することだという考え方に通じます。

　でも、実際に文章を書いてみればわかりますが、あらかじめ「内容」というものがあると思っていたとしても、書くという行為は予想をつぎつぎと覆していくことです。書くまえに考えられる「主題」というものがあるとしても、それはいわば書こうとしている文章の〈方向性・ワク〉としての意味を持つだけなのです。それをあらかじめ一文に固定してしまうことは、創造の芽を摘む行為だといってもよいでしょう。

　書く側からいえば、作者は自分の書いている文章、書き終えた文章のいわゆる「主題」を意識していないことがしばしばあるのです。あるいは、「主題文」など考えてもいないことだってあるのです。

「主題」は、その作品が読者の前に供されたときに、読者との関係の中ではじめて浮かび上がってくる概念です。作者の側から一方的に固定して提出するものではない。「主題」は解釈を含んでいます。だから一つの作品の「主題」が時代の中で変化していくことも起こるのです。

文章表現の全過程は生命体

作家の井伏鱒二が晩年になって自選作品集を編むに際して、若い頃の代表作「山椒魚」の末尾に近い一節を書き直し、話題を呼んだことがあります（『井伏鱒二自選全集 第一巻』一九八五年、新潮社）。この事件はいろいろなことを考えさせてくれます。

書き直しは、「山椒魚」の「主題」を微妙に変えてしまうところまで及んでいました。そのために、もっとも衝撃を受けたのは教育現場でした。不動の、絶対のものとしてきた「名作」がいとも簡単に書き替えられてしまったのですから。

対応はさまざまでした。「名文」の新たなる神格化に利用する人、凡人には窺い知れない推敲の奥深さに言及する人、作者の感性や態度に疑問を呈する人……。

井伏が行った変更（実は抹消）は、作品の結末の部分でした。短編小説にとって結びは特に重要な意味を持ちます。その結末部分を原稿用紙にして二枚分ほど、なかったことにしてしまったのでした。

私は、井伏鱒二が二つの作品を提供したことを肯定的に受けとめたいと思います。読者としては楽しみが二倍にも三倍にもなった、と素直に喜びたいのです。作者とともに、読者も二つの作品の間で、あれこれ考え、迷えばいい。読者も、生きた文学作品の制作の場に参加できるのです。

井伏だけではありません。詳しく見れば、こういうことは他の作家にも往々にして見られることです。雑誌に発表した「初出」と単行本にしたときの本文の違いなどは、多くの作家や作品に見られることです。

制作過程を考えれば、一般に文章は、印刷された完成作だけでは見えない、不安定で定まらない、迷い・流動性・留保、といった〈揺れ〉を経てきているのです。たとえ「決定稿」のように見えて発表されたとしても、その裏には、不安定さを内包しているのです。「山椒魚」の場合は、それが数十年を経て顕在化したといえます。作品の「完成」以後も作者は生きて動いていきます。〈揺れ〉は大きくなったり小さくなったりします。

厳密にいえば、完成といって固定してしまうことができないのが、文章表現です。その揺れ動く生成過程を目に見えるものとして残しているのが〈メモ〉という〈作品〉なのです。

メモも保存しよう

〈メモ〉は文章が作られるときの思考の先端であり、文章生成の現場です。作品がひとまず完成してしまってから見直すと、それは制作過程のあらゆる曲折のドキュメントとなっていることがわかるでしょう。これを眺めると、作者自身はもちろん他人にとっても、ある種の感慨がわいてきます。中につまっているドキュメントが〈作品〉として働きかけてくるのです。

できれば〈メモ〉も保管したいものです。紙切れの場合は綴じるなり、ファイルするなりしておく。継続的に、あるいは、習慣的に書くような場合は、〈メモ〉専用のノートを作ることを勧めます。ところどころに日付を入れておけば、〈作品〉としての価値も増します。日記とはひと味ちがう内面の記録ともなります。

第5章　人間へのまなざし——レッスン「私の出会った人物」

『ゲーテとの対話』という名著をのこしたエッカーマンは、あるとき知人から「ゲーテはどんな人？」と聞かれて、「あなたは、世界とは何かという問いに、一言で答えられるか」と応じたそうです。短い文章で「人」を書く試みに挑戦してみましょう。

課　題：「私の出会った人物」というテーマで、六〇〇字の作品を作ってみよう。

方　法：①「出会った」の意味を広く捉え、「話を交わした」「目撃した」程度の関係をも含めて、広い範囲から題材となる人物を探す。

②文章に書く前から他人にもすでにわかっていることをなぞるのではなく、他の人は気づかないような、あなたの見つけた価値（特徴）を作品の中で明らかにするように努める。

③人物を抽象的に類型化するのではなく、あなたがその人に関わった状況を具体的に述べることに重点をおいて叙述をすすめる。

④長い時間をトータルに扱うよりも、「一場面」などを具体的に切り取って、会話・表情・しぐさ・服装などの細部を描写する。

1 〈類型化〉の誘惑に抗して

誰をとり上げるか

この問題は当然のことながら決定的な意味を持ちます。題材として考えられる人物を思いつくままにノートに書き出してみるとよいでしょう。それぞれの人物について、私はどんなことを書くことができるか、どんなことが書きたいか、思い浮かぶことをひとまず書き出してみるのです。たとえば、

①父、母、兄弟姉妹、恋人、親友、……などのどれかを候補とした場合
②街角や電車の中で見かけた見知らぬ人、行きずりに一言ことばを交わした人、……などのだれかを候補とした場合

の双方について、自分が思いつくことをメモして比較してみると、同じように「人物」について書くといっても、おのずから書き手の姿勢に大きな違いがあることに気づかされます。

右の①については、日頃接している時間が多いので、書き手にとっては情報を豊富に持っている対象ということになります。親しい対象なので作者の主観（主として感情）が強くはたらきがちになります。手持ちのどの情報をとり上げ作品の中で紹介するか、の判断がむつかしくなります。

それに対して②は、作者としても比較的冷静で客観的であることができます。この人（対象）をとり上げようとした理由を読者にも納得のいくように文章化できるかどうか、によって作品のできばえが決まってきます。

右の①と②の中間にさまざまな人物が対象（題材）として考えられます。じっくり時間をかけてとり組めば、あなたの「人間への興味」「交友録」「人間ウォッチング」の多様な作品群が可能性として広がることになります。

「出会い」という語の呪縛

この章の冒頭、課題の説明の中でも述べましたが、「出会った」の語の意味を広く解釈して、題材を探してください。うっかりすると「出会い」の語が持つ呪縛に思考が導かれてしまう危険があるからです。

「人間」について語ろうとするとき、すこし改まると、「出会い」ということばが頭に浮かんでくることが多いものです。成長過程のいろいろな場面で、私たちはこのことばを聞かされてきました。それが、私たちの思考のパターンを知らず知らずのうちに作ってさているのです。

「出会い」は、今ではあまり使われない「邂逅」という語の言い換えとして使われてきました。「人生は出会いである」「出会いを大切にしよう」というふうに使われ、この語が出てくると、なんとなく話がお説教じみてきて、やがて「一期一会」などの語も登場し、いつも聞くパターンの話になってゆきがちです。それはそれで〝ありがたい〟話でしょうが、退屈といえば退屈なことが多いのです。

人間を捉えるのに「出会い」という語を用いることは、すでにこのできあいのパターンに思考を委ねることを意味します。「出会い」は長い歴史の中ですでに使われる文脈が定まっていることばということができます。自分独自の人間把握を放棄した精神にとっては手軽によりかかることができ、しかも、それなりに「立派そうな」ことが述べられる便利なことばです。人々の感傷性を誘い、なんとなくありがた〜い気分にさせることば……。

一方、この章のテーマの「出会った」は動詞です。あえていえば「出くわした」(「出会した」と表記されることもある)です。「出会い」の持つアクの強い感傷性を排除した、もっと機械的な「行き会った」とか「見た」とかの意味も含めて、思考の範囲を広げてください。

そこから、あなたの創造的な表現をスタートさせてほしいのです。

倫理的類型化

「出会い」ということばには、すでに述べたように、なんとなく「大切にしなければいけない」というニュアンスがつきまといますね。「運命的」とか、「生き方」とか、ときには「宗教的」な空気がついて回ります。これがいってみれば「倫理的類型化」ということです。

実際に人と人が出会う場面はいくらでもあり、その中には、大切にするどころか、二度と経験したくないような「遭遇」だってほんとうは含まれているのです。それをも大切にしよう、前向きに受け入れ人生のプラスに転化していこう、というのが「出会い」ということばが使われるときの文脈です。ことばに道徳・倫理が付きまとっているのです。

人間関係を「出会い」で見るということは、すでにこの類型化の中に対象を据えることを意味します。自分の身の丈に合わない「立派なこと」を背伸びして述べようとすると、人はこの倫理的類型化の中へ逃げ込んで、お茶を濁そうとすることが多いのです。

一例をあげると、たとえば父や母について述べた文章なら、結末は「こんな親だけど、私のことを心配してくれてるんだ。少しは親孝行しようかな」などで終わるかたちで、にパターンができている。書かれている内容は、たしかに正しい。だれも反対しない。でも「あなたからわざわざそんな話を聞かされなくても」という気がする。だって、どこでも聞ける話なんだもの。

こういう、社会で一般に認められている「あるべき関係」で対象を捉えることを倫理的類型化と呼ぶならば、私たちは常にその心理的傾斜の中に身を置いていることになります。父母だけではなく、兄弟姉妹、恩師、先輩、親友、隣人……と、いくつかの関係をとり上げて、それぞれについて、もっとも典型的な「倫理的類型化」の文章のパターンを考えてみるとよいでしょう。こうすることによって、私たちは自分の文章作品を創造の方向へ向けることができるし、一方で、他人の文章を評価する「目」を養うことができます。

性格分類による類型化

人間をいくつかの類型に分けて捉える方法があります。さしあたって血液型による分類、干支や十二宮の星座による性格の分類、あるいはハムレット型とドン・キホーテ型、ネコ型とイヌ型に分ける方法、等々。大ざっぱなものから手のこんだものまで、いろいろあって、私たちはいわば楽しんでいます。

人間を類型化して分類することばの中で、特に、性格を表す用語による類型化はあなどれない力をもって私たちを呪縛しています。「優しい人」「おちゃめな人」「明朗」「憎めない奴」等々。これらのことばを聞くと、なんとなくその人がわかったような錯覚に陥ります。

「○○さんて、どんな人?」「やさしい人」「ああ、そう、よかったね」――こんな会話で終わる程度の関係と関心なら、「やさしい人」は有効と言えるのでしょう。しかし、もっと濃密な関係だったら、とても満足のいく説明とは言えません。世の中に「やさしい人」はゴマンといるのです。ただ「やさしい」では「○○さん」個人については何も言わないに等しいことになるのです。

同様のことが「正義漢」「努力家」「愛妻家」「一匹狼」等々のことばについてもいえます。これらの、人間を類型として形容することばは、現実の「一人の人間」については何も説明をしないに等しい、と考えた方がよいのです。作品の中では、このことばをもって説明終わり、とするのではなく、その裏づけが必要になります。

性格を性格として捉えようとするとき、すなわち、人間を性格によって捉えようとするとき、その認識は抽象的な類型の中から踏み出すことはできません。

生きている個人を捉えるためには、ある特定の時間と場所における、ある具体的な、表情、行動、服装、会話、その他、もろもろのハプニングにも等しい細部（＝断片）を描くことが必要です。具体的な裏づけがあってはじめて抽象的な類型化も読者に対して説得力を持つのです。

2　人間の〈細部〉へ向けて

行動を描く

学生の作品を見ながら、人間の多様な側面が作品化される実例にあたっていきましょう。

真夜中の小勇者

言文四年　山田奈緒

深夜に、激しいかゆみで目が覚めることがある。ゆうべも、そうだ。元来アレルギー体質で、眠りながら無意識に手足をぼりぼりやるのは私の癖なのだが、あまりのかゆさにバッと飛びおきると、奴だ。体中数か所も、虫に刺されているのだ。悔しさで一杯になり、とりあえず近くにいやがるか？　と目をこらすが、ねぼけた目ではとても見つからない。仕方なくとにかく薬をぬろうと階下のリビングに行くと、驚いた顔の父がそこに座っていた。

うちは自営業だが、その営業時間の関係で父の帰りはいつも深夜三時近くになる。具合が悪かったりで深夜に目が覚めると、いつも父に会うのはそのせいだ。私から事情をきいた父は、キンチョールを持って立ち上がった。そしてすぐさま私の部屋へ向かう。後ろには、ねぼけまなこでぼさぼさ頭の情けない従者つきだ。目的地にたどりつくと彼は部屋を締め切り、そこら中にキンチョールを乱射した。部屋を締めるのは、敵を逃がさない為の作戦である。真剣な父の姿を見ながら、勇ましいな、とぼんやり考えた。なんでこんなに真剣なんだろう。でもまあこれで一安心、などと思っていると、敵の死を確認した勇者がふり返った。得意顔である。

去って行く小勇者の姿は、とっくに寝静まった家の中で申しわけなさそうに、さらに小さくなっていた。朝には何食わぬ顔でのんびり現れるんだろうなあ。私の傷は七か所。手痛い傷だが、勇者は勝ったのだ。


家族について書こうとすると、つい主観的になり、文章に感傷的な空気がただよいがちになるものですが、この作品は、そういう傾向から自由になっています。すこし大げさに「父」と「私」の行動を戯画化して描いて見せている効果です。「父」に対する「私」の思いを書くよりも前に、まず「父」の行動をことばで描いている。

行動の描写は客観的になります。そして描写された行動は、読者の心理的反応を誘発します。おかしみとかあわれみとか一言ではいえない、あるいはそういう感情のないまぜになった状態とか……。その効果は、書き手が類型的な一言でまとめて叙述する以上に複雑な感情へと、読者を誘うものです。なぜなら、読者は、書き手から類型的な感情を受け取る(押しつけられる)のではなく、描写された「行動」をイメージとして受け取り、そこへ結びつく感情を自分の心の中から紡ぎだすように仕向けられていくからです。

右の作品の場合、行動の描写の上に、「勇ましいな」とか「なんでこんなに真剣なんだろう」のことばが置かれています。本来平凡なこの語句も、行動の描写をともなっているために、読者の心の中で微妙な味わいを醸し出すことになります。

この作品では、「父」（と「私」）を客観的に突き放して描写し、読者にも通じるユーモアをただよわせたところなど、作者のデリケートな言語感覚がはたらいています。「……だ」「……である」の歯切れのいい文末も、文章に乾いた感触を添え、有効です。

会話の中に

生きた人間を描く有効な方法の一つに、その時々のその人のことば（会話）をとり上げることがあります。ただし、現実の会話は漫然と流れているので、その中から、どの会話の断片をすくい取って作品の中に組み入れるかは、メモの段階での重要な選択になります。

まあちゃん

国文三年　河野志保

彼の名前はまあちゃん。まあちゃんは、別れの日、ビー玉をくれた。ちょうど、ビー玉のような真ん丸な目には、あどけなさが残っていた。私を何度も切なくさせた、あの目だ。——まあちゃんは、私が家庭教師をしていた生徒の一人だった。まあちゃんは勉強が嫌いだった。お母さんのことが、大好きだった。まあちゃんのお母さんは、脳腫瘍の手術をくり返していた。三度目の手術で目が不自由になり、自宅療養していた。まあちゃんは、いつもお母さんのそばにいた。「僕がいないと、何もできんのやよ。」まあちゃんはよくお母さんの話をした。ゴミ箱やティッシュを、お母さんの手の届く所にそっと寄せてやること。毎日、一緒にお風呂に入ること。一度だけ、お母さんを泣かせてしまったと言っていた。どんな小さな用事でも、まあちゃんを呼ぶお母さんに面倒くさくなり、「そんなことも一人でできんのか、僕だって忙しいんやわ。」と、言ってしまったらしい。「お母さん、何も言わんかった。でも、ちょっと泣いとるみたいやった。」そう話すまあちゃんの目も少し赤かった。私は、目の周りが熱くなるのをこらえて、「大丈夫。お母さんはまあちゃんのこと大好きやって。私やったら、まあちゃんみたいに優しくでさんかもしれん。」と言った。くすぐったそうに照れていたまあちゃん。私に、人が人をいたわる時の優しい眼差しを初めて教えてくれたのは、まだ十二歳の彼だった。今でも、彼のことを時々、思い出す。ビー玉のような涙が、彼の目からあふれる日が来ないことを祈りながら。

この作品を構成する要素を考えてみると、「まあちゃん」の目（表情）の描写以外は、ほとんどすべてが、会話から得た情報によって成り立っています。すべて「まあちゃん」から聞いた話、なのです。

しかし、作品の中で直接に引用された会話のことばは、四つの断片だけです（そのうちの一つは「私」のことば）。あとは、きわめて重要そうな情報も、作者によって間接的に言い換えられた「まあちゃん」のことばとして作品中に登場しています。いうまでもないことですが、現実の家庭教師と生徒としての二人の間には、膨大な量の会話が流れたはずです。

そのことを考えて、作品中に見え隠れしている会話をあらためて検討してみると、

①結果として捨てられた膨大な量の会話
②間接的に言い換え、簡潔化されて使われた会話（の内容・要点）
③直接に引用された会話のことば（断片）

の三種類が見えてきます。

この作品は、これらの間の軽重をはかる、取捨の目の的確さの上にでき上がっていることがわかります。取捨の作業は、六〇〇字の字数制限がおのずと導いた、というのが、おそらく結果論としての作者の実感でしょう。それはそれで、納得できるし、すばらしいことです。しかし、この結果へいたるまでには、一定の時間経過があったはずです。それは「まあちゃん」のことを書こうと考えてから、実際に作品化するまでの時間です。この時間の中心に有形無形の〈メモ〉の期間があるのです。

〈メモ〉のあいだに、作者は無意識に(?)膨大な会話を断片化し、その中から、右の①~③に相当するものを選り分けて、取捨する作業をしていたわけです。そして、最後に残った四つの会話の断片は、その名古屋弁という〈細部〉を含めて、作品の中で「まあちゃん」と「私」の心の通い合いをあますところなく伝える結果となったのです。

会話に題材をとった別の作品を紹介しましょう。

STRAWBERRY FIELDS FOREVER　言文三年　伊藤美智子

研究棟のエレベーターの扉が開き、内には先生が一人で乗っていた。先生は「あっ」と言って、私が乗り込むのを一瞬拒んだようだった。私が乗るのをためらっていると、「いいよ。乗りなさい。今ちょっと人と話をしていたものだから」と、私に促した。扉が閉まり、エレベーターはゆっくりと上昇していった。先生は、白地にストライプの長袖シャツを着て、色は忘れてしまったが、地味なネクタイをしている。顔は角のとれた四角い岩のようである。深く刻まれたしわは、微笑をたたえていた。髪の大部分は、白髪である。

先生は、私が乗った時から、何か話したがっているように思えた。エレベーターで二人きりで乗っている時の沈黙は、気まずい。私の予感は当たった。私の持っていたビニール製の袋のロゴを見て、先生は「ストロベリーフィールズか。いちご畑に行ったのかね。」と言った。私はそれには答えず、軽く微笑んで先生を見た。エレベーターは止まり、私は会釈をしてそこを後にした。

“STRAWBERRY FIELDS” とは、服飾店の名称である。しかし私は、「いちご畑」という日本語をとても気に入ってしまった。「いちご畑」が持つ繊細さと甘酸っぱいイメージが、エレベーターの内で、一瞬にして飽和したのである。私は、その空気を壊すようなことばで、先生に返事をしたくなかったのであった。

会話（といっても「先生」のことばだけ）に材を取り、そこに「私」の観察と感想を重ねて作り上げた、まことに過不足のない作品です。

独り言（?）をつぶやいていた老教授、文字を見ればそれがロゴであろうと記号であろうと語源的意味を対応させてしまう世代の教師と、そんなこと思いもよらない若い女子学生の、ほほえましいひとときの交流がさわやかな読後感を誘います。

大学が巨大化し、互いに同じ大学の職員と学生であること以外は何もわからない人間がふと接触し合う場面は、学内のいたるところで日々おこっています。でも、そこは一つの大学、一般社会の人間関係とは違う、一種の「安らぎ」が支配しています。そういう「空気」をこの作品は、理屈による説明でなく、感じるものとして、形象化し得ています。

状況を説明する部分の叙述にも、周到な注意が行き渡っています。特に、接続語を省いたセンテンスとセンテンスの羅列。その間の小さな飛躍が、文章に緊張感を作り出している点を見逃さないようにしたいものです。たとえば最初の場面、読者に「独り言?」と思わせておきながら、その説明がないまま叙述が進められるところ。また、なかごろで「私の予感は当たった」と書きながら、「予感」の中身を暗示する叙述がすぐ隣りには置かれていないところ、など。

一見「無意味な」風景の奥に

人物を描く場合に、大切なことがもう一つあります。日常の、ほとんど無意味に思われる風景の奥に、見え隠れしているこれまたほとんど無意味な細部をとり上げることです。風景の細部とは、時と場所と行動（存在）の具体的な〈断片〉のことです。人が存在し、行動するには、時と場所がともないます。そういう状況の〈断片〉を描くことが、人間を描くことにつながるのです。

学生の作品を見てみましょう。

青透明　　言文三年　鵜飼紘世

寒い冬の日の朝、私はいつものように薄く曇ったガラス越しに、移り変わってゆく木々や建物や空をぼんやりと眺めていた。ふと電車の中に戻した私の目の中に、飛び込んでくるものがあった。それは、青。藍色の絵の具を一滴たらしてわざとくすませたような瑠璃色に似た微妙で絶妙なバランスを持った青。青の引力に引き寄せられた私は、その後ろにあるものを見たとき、寝起きにピシャッと冷水をかけられたように感じた。そこには、制服を着た一人の女の子が、青いマフラーをふわりと首に巻いて座っていた。膝の上にはナイロン製の鞄が置かれ、彼女の両手が鞄の脇に自然にまわされていた。前髪は眉毛くらいで切りそろえられていた。横髪は肩まで届くくらいのまっすぐな髪で、すそのところをほんのゆるく内巻きにカールしていて、彼女の頬をサラリと隠していた。目は周りの雑音が何も聞こえていないかのように静かに閉じられ、口元は青色の柔らかいマフラーの中にキスするようにうずめられていた。女である私の心の中に、生まれて初めてこの子を守ってあげたいという気持ちが自然に湧いてきて、そのことに私はびっくりした。嫉妬もなかった。ただ、初めて出会う種類の秘めた美しさにみとれていた。青いマフラーの微妙さと、彼女のはかなさ、清らかさは見事に溶けあっていて、お互いの輝きを高め合っていた。それから彼女に会うことは二度となかったけれど、今でも私の心に残る青透明色の想い出だ。

「女の子」にたどりつくまでの状況の描写に全体の三分の一が費やされています。この逡巡する描写が細部を呼び起こし、しだいに読者の感性に集中力を与えます。「女の子」の描写へ至ったときに、それは十全の効果を発揮することになります。

車内で見かけた、まったく見知らぬ対象。しかも他の人はほとんど目にも止めないひそやかな対象。その小さな〈断片〉（状況）を捉えて、作者自身が驚いているほどの秘められた感性の交感を見事に言語化した作品です。教室で朗読したときには、一瞬の沈黙のあと、ため息まじりの拍手が起こりました。

セピア・ランデヴー　　　　国文三年　井上香保里

疲れたサラリーマンの一群に混じって、独りぼっちの私はノロノロと駅の階段を降りた。年老いた彼は待っていた。つぶらで黒目がちな瞳は潤み、目尻に刻まれた幾本もの皺が蛍光灯の明るい光に照らされていた。着古したジャンパーに傷だらけのヘルメットをかぶったその人は、シートが破れて黄色いスポンジがはみ出した愛車のそばに佇んでいた。

坂道をとぼとぼ登っていると、バイクが一台、私の横を通り過ぎた。相乗りの女性は横座りして運転手の男性の腰にしっかり腕を回していた。まるで見せつけるかのように坂の上で一旦停車してから交差点を直進して二人は視界から消えていった。

私はため息をつく。待っていたのはあの女《ひと》だったのかと思う。恐らくは長年の連れ添いであろう。彼が少し丸まった背から首だけ伸ばして一生懸命日で求めていた、女性の顔も服の色すらも私にはわからなかった。暗い闇が邪魔である。それでよいかもしれない。

私が二人に色を付けてあげよう。その色はセピア色。何故なら夜の闇に照らされた彼の背中は真っ直ぐで、彼女のスカートはヒラヒラと風に揺れていたからである。

そんなことをぼんやり考えながら歩いていると、今度はスクーターが哄笑とともに走り去って行った。彼らの白いカッターシャツが風をはらんでいるのを見て気だるい気分は消えていった。何故だか怒りがこみ上げてきたが、我が家まではもう少しだった。


私たちの眼前にはこのような、誰の目も引かない、もちろんニュースにも話題にもなりそうにない風景が広がっています。人間の存在と行動がその「無意味」の中に息づいているのです。そういう一見無意味な状況の断片をすくいあげて、「私が二人に色を付けてあげよう」と述べたところに、この作品の創造性があります。

次に紹介するのは、同じく状況を描いた作品ですが、やや異色の手法によっています。

あの頃　　　　　　　　　　　言文三年　間宮千華

14日　晴れ　最近私は木を植えた。よく育つようにと水ではなく、煎茶を一杯かけてみた。ちょっと離れてその木を見ると、なんだか可哀想に思えてきて、植えなければよかったと、少しだけ後悔した。

20日　雨　泣き出しそうなくらい恥ずかしい思いをした。穴があったら本当に入りたかった。思い出すだけで顔から火が出そうになってしまう。でもこんな日は、自分に優しく生きられたらと思う。

27日　雨　鏡の前で、怒った顔をしてみた。怒っている自分に哀しくなって、哀しくなって、哀しくなって、しょうがないから笑ってみたら、あんまり自分がおかしくて、心の底から哀しくなった。

31日　晴れ　恐ろしい映画を見た。主人公が恋人に裏切られ首を締められて殺された。こんな映画は二度と見たくない。でも少し、ざまあみろとも思った。
7日　曇り　今日世界中でいったいどれだけの人が死んだのだろう。この世の終わりが見えたとき、私はいったい何を最初に考えるだろう。例えばこちらの改札口を通れば少しだけ速く出口に着くとか、その階段を上ってすぐ右のところにゲーセンがあるとか、きらいなあの子とハンカチがおそろいだったとか、もうすぐマスカラが無くなるだとか、そんなことは考えない。
10日　晴れ　やっぱり私はマールボロ・ライトより、チョコレートケーキの方が好きだと思う。
――7月13日　快晴　あの頃の私はこんなにも素直で、あなたが好きでした。

これも「私の出会った人物」のテーマで書かれた作品です。しかしテーマからわざとずらしたところに題材を求めています。最後に出てくる「あなた」がテーマの人物ということになりますが、「あなた」のことは直接には何も書かれていない。ただ状況として「私」の多感な心の揺れを断片的に描き、「あなた」の影を間接的に浮かび上がらせた作品です。ここまでくると、この作品の評価は分かれるかもしれませんね。

私は、〈テーマからの氾濫〉〈テーマへの反乱〉（第3章、一〇七ページ以下参照）の究極の作品として、他の人には思いもよらないことを実行した、その創造性を買いたいと思います。もちろん技法だけでなく、「ちょっと離れて」木を見る場面などのナイーブな感性の魅力も含めての話ですが……。

叙述の工夫が〈作品〉をつくる

読者をもてあそぶというか、読者の予想を少しだけ裏切るというか。文章の叙述に際しては、読者の予想どおりに展開させる部分と、意外な展開を仕掛ける部分と、この二つの組み合わせと配分は重要です。読み手は楽しませてもらうことを期待して作品を読み始めるわけですから、それに応えるような手順を考えることも、作品の構想に含まれます。このことは短い作品でも例外ではありません。

幽霊の出会った幽霊

国文三年　山岸美穂

ある夏の日の夕暮れ、忘れ物をした私は小学校へと続く坂を一人登っていました。小学校の建つ丘は神社の土地で、丘を北側から登るその坂は「裏門」と呼ばれていました。木々が生い茂り闇に沈む坂は恐ろしく、私はとうとう立ち止まり、前に進むことも、後ろに引き返すこともできなくなってしまいました。「どうしたの」。私が立ちすくんでいると突然後ろから声をかけられ、振り返ると一つか二つぐらい年上の男の子が立っていました。「暗くて」。驚きでそれしか言えない私に、それでも彼は理解したのか「じゃあ一緒に行こう」と言い、私の手を引いて坂を登り始めました。彼は何も話さず歩きましたが、時々振り返り目が合うと笑いかけてくれました。坂を登りきり、職員室の明かりが見える所まで来た時、彼は「もう大丈夫だね」と言い手をはなしました。私はお礼を言って明かりに向かって走り出しました。途中、振り返ると神社の方に歩いて行く彼の後ろ姿が見えました。

私は、彼は幽霊だったに違いないと思い、親切な幽霊もいるのだと、その日から闇が恐くなくなりました。

それから一ヶ月ぐらいが過ぎ私は再び彼に会いました。真昼の小学校の廊下で、神社の隣の家に住む二学年上の男の子は、私に「幽霊じゃなかったのか」と言いました。

題の意味をいったんは考えて、どういうこと？　と思いながら、読み終わってみると、笑ってしまう。神社の森の陰鬱さ、そして最後の段落の周到な簡潔さが、心地よく、ショート・ショートを思わせる効果を作るのに貢献しています。

題と本文、ともに仕掛けがあります。よく考えられた標題は多くの場合、本文のあとから付けられるものです。この作品も、作者によれば、当初は「私の出会った人物」として書きはじめていたのに、途中で「私の出会った幽霊」という題を思いつき、書き終わったところで現行の「幽霊の出会った幽霊」を思いついたとのこと。叙述の進行が標題を作り出し、最後に題も仕掛けとして役割を分担していったことがわかります。

第6章

演技することばたち
——レッスン「モーツァルトへの手紙」ほか

いざ書こうとすると、途端にことばとの関係が硬直しがちになります。自由をとり戻すために、ことばをおもちゃにして遊んでみましょう。これはことばの本質的な機能を考え、とり戻すレッスンでもあります。

課　題：ことば遊びを実際にやってみよう。そのあとで、「モーツァルトへの手紙」という設定で遊び（架空）の手紙（四〇〇字）を作ってみよう。

方　法：①こどもの頃から現在までに身のまわりにあったことば遊びを思い出し、実例も添えて書き出してみよう。
②日本では「折句」、欧米では「アクロスティック」と呼ばれている作品を実際に作ってみよう。
③あの作曲家モーツァルトへ宛てた手紙を書いてみよう。発信人はあなた自身でもよいし、架空の人物でもよい。設定自体が遊びなのだから、

自由に書いてみよう。

1　ことばとの自由な関係

モーツァルト十六歳の手紙

一七七二年十二月十七日、父親とともにミラノに滞在していたモーツァルトは、故郷の姉ナンネルに宛ててこんな（次ページのような）手紙を書いています。

字の配列を見ただけでも楽しくなってくるような手紙ですね。こういう表記の方法を「カリグラム」（ことば遊びの一種）と呼んでいます。一目見ただけでも、モーツァルトの自由なこころが伝わってくるようです。内容の一部を紹介すると（以下、高橋英郎訳『モーツァルトとともに一年を』木耳社刊による）、

姉ナンネルに宛てたモーツァルトの手紙

「愛するお姉さん、お元気のことと思います。この手紙を受けとるころ、お姉さん、ちょうどその晩、お姉さん、ぼくのオペラが上演されます。……（中略）……あしたぼくはフォン・マイアー氏のところで食事をします。なぜだと思う？　当ててごらん。招かれたからです。……ところでここで起こったこともう知ってる？　話してあげるね、ぼくらはフィルミアン伯爵邸から家に帰ろうとしました。家の通りまできて、玄関の戸を開けたとき何が起こったと思う？　ぼくらは中に入りました。ごきげんよう。ぼくの肺臓（ルンゲル）ちゃん。キスをおくるよ、ぼくの肝臓（レバー）ちゃん。ぼくの胃袋（マーゲン）ちゃん、いつも変わりないあなたののろくでなしの弟、ヴォルフガング。お願い、お願い、お姉さん、かゆいよ、かいてよ」

そして「吹き出し」のところには、

「さあ飛んでいってぼくのかわい子ちゃんを捜せ　そこらじゅう、すみずみまで捜せ！」

といった具合です。さしずめ、今でいえば、eメールかファックスで家族へ宛てて送った通信といったところです。ナンセンスで楽しい手紙。

このモーツァルトへ現代から時空を超えた手紙を書いてみましょう。大人になるにつれて忘れがちだった「ことばで遊ぶセンス」をもう一度思い起こし、文章を書く楽しみをひろげる機会とするためです。

＊

〈遊び〉にとりかかる前に、私たちがことばとの自由な関係を見失う原因について少し考えておきましょう。

「自由」を奪うものは何か

文章を書こうとするとき、こころが硬直してしまうことがあるのは、第一章でも触れたように、書き手が文章と人格を混同して考えるからです。文章を書くことは自分をさらけ出してしまうことのように思われたり、力を試されているように感じることがありますね。そういうことが積み重なって、けっきょく「私はうまく文章が書けない」と決めてしまい、ひそかに苦しんだりします。

しかし文章はあくまで〈表現〉です。作者の存在そのものではありません。人間はさまざまの表現手段を持っています。お話、表情、身ぶり、音楽や絵画、服装、ヘアスタイル、化粧、持ち物、車、家、ときには知人さえも……。

文章は、それらの中の一つです。お話も広い意味では文章の一つですが、この場合には、相手の反応を見ながら、言い換えたり、口ごもったり、なんども行きつ戻りつしながら、次第にいいたかったことを探り当てていく過程全体をいわば表現そのものにしています。お話は、そういう意味で、相手とともに作っていく共同作業としての表現です。

それに対して、書きことばとしての文章は、相手が目の前にいないので、書き手は全作業を自分一人で、それも一回限りのことばで言い切っていかなくてはなりません。この孤独のプレッシャーは、相当のものです。

その上、いま書く文章が自分の人格そのものであると考えてしまったら、苦痛は倍加されます。

文章はあくまで〈表現〉です。おしゃれをしたり、歌をうたったりするのと同様に、それによって今日のあなたの好みの〈断片〉が表現されていく。ある種の〈演技〉として、楽しみの手段として〈ことば〉を使う方法を身につけましょう。

ことばによって苦しめられたり、劣等感を植えつけられたりした経験は、誰でも持っています。それはそれでふり返りながらも、一方では、ことばによって笑ったり、こころが開放されたような充実感を味わったことも思い出して、ことばと自分の距離を正しく測ることのできる目を持ちましょう。

「日本語は美しくなければならない」という不自由

日本語は美しいことばだ、ということをよく聞きます。しかし、これを言語学の専門家の口から聞くことはまずあり得ません。日本語が美しいという人は、ことばについて科学的に考えたのではなく、ほとんどが人からの受け売りをくり返しているにすぎないのです。フランス人はフランス語が美しいと思い、中国人は中国語が美しいと思い、日本人は日本語が美しいと思う。ただそれだけのことです。人は理性によってコントロールしないかぎり、自分に慣れ親しんだものには好意を抱き、慣れないものには敵意を抱きがちになります。日本語は美しいことばだ、と日本語に慣れ親しんでいる人がいうのは、ある意味で当然のことです。普遍的な基準があっての話ではないのです。

かつてある女性を相手に言語談義を始めたことがある。間投詞と破格文をふんだんにまき散らしながら、彼女は'luna'の方が'moon'より表現力に富む（逆だったかもしれない）と主張して、こちらのいうことなど頑として受けつけない。こうした決着のつけようのない論争で閉口した覚えは、誰しも一度は経験のあることだろう。極めて単純な「月」なる物体を表すことばとして、二音節語'luna'よりも一音節語'moon'の方が適しているのではないかという自明の発言を別にすれば、こうした論争によって得られるものは何もない。複合語や派生語を除いてしまえば、世界の全ての言語は、どれも特に表現力豊かという訳ではない。

ホルヘ・ルイス・ボルヘス　中村健二訳
「ジョン・ウィルキンズの分析言語」『異端審問』晶文社

しかし、「日本語は美しい」あるいは「美しい日本語」ということがいわれるときには、別の問題がひそんでいます。

一つは、国家とか愛国心とかと結び付けてことばを論じようとする意図。ここにはことばを捉えるのに倫理的な視点が忍び込んできます。詳しくは論じませんが、ことばと国家は別のものです。日本語（ここには「国家」名が付いていますが）は「日本国」が成立するより古い時代から使われてきました。そして現在、外国から移住してきた人々や旅行者が話す「かたこと混じりの日本語」もまぎれのない「日本語」です。ここには未来の日本語が見え隠れしていると見ることもできます。国家と切り離さないと、ことばを科学的に見ることはできません。（言語学者ソシュールは、ギリシア語・ドイツ語・フランス語……などを「国家」と切り離してそれぞれを一つの〈特有語〉idiome と呼びました。「どの民族もじぶんらの特有語の優越を信じる」〔ソシュール『一般言語学講義』〕）

もう一つは、観念的に捉えられた理想のことばとして「日本語は美しい」「美しい日本語」ということが強調されることがあるということ。これは文章表現を志す者にはおそろかにできない事実です。なぜなら第1章（三一ページ）で述べた〈名文崇拝〉の変形として、これは文章表現にとり組もうとする初心者を脅かす効果（！）を発揮するからです。その場合の文脈はこうなります。まず有名作家などの〝名文〟が例として引かれ、「このような美しい日本語を私も書けるようになれたらいい」という願望の吐露、あるいは「日本語は美しい。あなたも努力次第でこのような美しい文章が書けるようになる」というものです。

でも、私たちがあることばを美しいと感じるときには、そのことばが伝える内容（イメージや思想）に私たちが共感しているということなのです。文脈から切り離して、純粋にことばだけをとり上げたら、「美しいことば」「汚いことば」などというものはありません。どんなことばでも、使われる場所と伝える内容によって（すなわち受け手の主観との関わりによって）美しくも汚くもなる。ことばそのものはあくまで無色でプレーン。優劣美醜とは無関係のものなのです。これは、個々の単語や、フレーズ、構文についても当てはまることです。

現実のことばを直視しよう

たまたまこの文章を書きながら、一休みして「今日の新聞」のテレビ番組に目を通すと、

たとえば、夕方七時の欄に、（原文横書き）

> 春の超豪華絢爛大放出世界まる見え！　テレビ特捜部!!　ド迫力来襲版「普段より超スゴイ㊙最新ラインアップ版」仰天ギネス集VS.超豪華客船▽ロボット戦争VS.レスキュー強力版▽㊙恐怖巨大怪物ハンターVS.世界一奇妙な結婚…意外な結末
>
> 『朝日新聞』二〇〇〇年四月三日朝刊
>
> テレビ番組欄（夕方七時～八時五四分　中京テレビ＝日本テレビ系）

とあります。美しい日本語？　まさか！　では汚い日本語？　もしも、「汚い」と考える読者があったら、これを「美しい日本語」に言い換えてみてください。内容と無関係に純粋にことばだけで「美しいことば」と「汚いことば」があるとしたら、右の文章（？）をあなたの気にいるように「美しく」書きかえることができるはずですね。

結果は――やめておきましょう。これは現実に世の中で生きて使われていることばです。

番組欄の限られた範囲内でおのれの番組を最大限に紹介しようとした結果、スタッフが選んだギリギリの表現なのです。

テレビの娯楽番組の視聴率を稼ごうとする意図のどぎつさを伝えて、これは実にアクチュアルで自然な日本語です。この騒々しさを「汚い」といって眉をひそめる人もあるのでしょうが、そういう人を尻目に、このようなことばは日々多くの人々に受け入れられているのです。

「ことばの乱れ」というプレッシャー

例外もありとはいえ、老人はいつの時代にも若者の悪口をいう。「ことばの乱れ」が話題に上るときにも、本質的には、根底にこのことがあっての話題なのです。自分が慣れ親しんだものに対しては親近感を覚え、慣れないものについては、排斥したくなる。ことばについても同様の傾向があります。

一般にことばについてとやかくいいたくなる人には、それなりのインテリが多い。読書家だといってもいいでしょう。読書家が接している「書きことば」(文字)は静止したままですが、「話しことば」は動いて消えていきます。そして次々と生まれてきます。ことばの乱れを云々する人は、たいてい印刷された書きことばを基準にして、現に目の前で生成し消費されていくことば(主として若者の「話しことば」)を目の仇に攻撃するのです。

一方、ことばは時代とともに変化していきます。変化は最初「話しことば」の中で起こります。ことばが生きてあるのは何といっても「話しことば」においてですから。若者の「ヘンな」ことばや「まちがった」語法は、ことばを変えていく起爆剤であり、ことばを変えている現場なのです。文字によって印刷され、固定されてしまった窮屈な日本語を我慢してくり返すだけではなく、自分たちのフィーリングに合わせて少しずつ変えていく。これが若者のことばの創造的な側面です。「乱れ」と非難される表現には、その中に〈未来の日本語〉を先取りしたものがひそんでいると私は考えます。

「誤用」か「乱れ」か、それとも「正しい用法」か、それを決めるのは、ただその用法が多数の人によって採用されるかどうか、だけにかかっています。今日の「誤用」は明日は辞書に載り、やがてだれも目くじら立てなくなる可能性を秘めているのです。

——こんにち若い人たちの手紙などでは当たり前になっている、「ハート」や「涙」あるいは「冷や汗」を型どった〈句読点〉（形象句読点と呼んでおきましょう。絵文字の一種です）など、すでに一般の文章においても市民権を得る直前のところまできています。それはかつて日本語の文章に「？」や「！」が使われはじめたときの様相を思わせます。あれは輸入でしたが、これは若い人たちの発明です。——

2　ことばの機能を生かす

ことばで遊ぶ

第1章で「ことばは事実から離れて機能することができる」と述べました（三四ページ）。ことばに対して自由になることの本質は、この機能を十分に使いこなすということです。

識字能力の高い書き手は、現実の空間・時間をどのように解体し、「もしマリリン・モンローがアメリカ合衆国の大統領であったならば」といった反‐事実を投げかけることを通して、どのように創造的宇宙を再構成するかを知っている。反‐事実は、最高度に人間的な傲慢を語っている。神の創造した耐え難い「〜である」ということばに反抗して、神を冒瀆する「もし〜

なら」ということばをぶつけるのである。しかし、「もし〜なら」ということばは、マリリンが大統領であるという楽しくも軽薄な考えとともに、ケネディが大統領だったという事実さえも否定する十分な力をもっている。しばしの間、ケネディは疑いのもとに置かれるか、もしくは完全に消し去られる。歴史は背を向けて逃げ出し、隠れてしまう。書き手は何かもっといいものを秘かにもっている。私たちの心の目の中では、マリリンがホワイトハウスの大統領執務室にいるのが見える。このレベルで、言語はすぐれたフィクションをダイナミックに引き受けている。

バリー・サンダース　杉本卓訳

『本が死ぬところ暴力が生まれる』新曜社

目の前にないものを見たり、考えたりする、この働きは「ことばの世界」(文章)においてもっとも緻密に発揮されます。詩や小説などの文学作品だけでなく、論文やレポートなどのいわゆる「論理的な」文章においても、予見・推理・仮説・対案・想起・回想などの場で常にこの機能が用いられています。想像を豊かにし、思考が深まる、あるいは、自分にも予期しなかった発見がある。ことばによってそういうことが実感できるのは楽しいことです。

なにもむつかしい文章を考える必要はありません。こどもの頃の〈ことば遊び〉を思い出してみれば、誰にも覚えのあることです。こどもは身のまわりにあるものを何でも遊びの道具にする天才を持っています。ことばだって例外ではありません。こどもはことばをおもちゃにして遊ぶことを知っています。遊びには〈ルール〉がつきものです。このルールに従うところに自己脱皮のきっかけがあるのです。

早口ことば　逆さことば（回文）　しりとり　なぞなぞ　替え歌
ナンセンス　語呂合わせ　呪文　わらべうた　等々

これらは、遊びのルールに導かれてことばを発していくうちに思わぬスリルが展開するよろこびをもたらしてくれます。
大人たちの文化にももちろんこれは受け継がれ、文学作品の一部を担っています。

アナグラム　カリグラム　クロスワード　アクロスティック（折句）
掛詞　序詞　本歌取り（パロディー）　脚韻　頭韻　等々

あらかじめ設定されたルールなり枠組なりがあって、それに合わせてことばをセットしていく。これが〈ことば遊び〉ですが、ルールに従わなければならないという規制がかえって、作者の発することばを〈習慣〉の枷から解放してくれるのです。ことばを「事実」にしたがって発するという日頃の習慣から一時的に、作者は自由になり、純粋にことばの世界で飛翔することができる。ルールを破れば非難されますが「事実」から離れていても非難はされません。それどころか、事実から離れた突拍子もないことばが、一座の誰も予期しなかったあらたなる〈真実〉を表現するのです。笑いが起こる。精神が解放される。これが〈ことば遊び〉の創造性です。

日常の思考の文脈が解体され、あらたなストーリーが目の前に展開している。これは、本書がめざす創造的文章そのものです。〈遊びごころ〉は精神を柔軟にしてくれる、創造のビタミンです。

折句・アクロスティックを楽しむ

『伊勢物語』に「からころもきつつなれにしつましあればはるばるきぬるたびをしぞおもふ」という有名な歌がありますね。おのおのの句の頭の文字を拾ってよむと「かきつばた」となる。これが〈折句〉です。書き方を変えて、

からころも
きつつなれにし
つましあれば
はるばるきぬる
たびをしぞおもふ

とすると、これは西欧のアクロスティックになる。要するに同じものなんですね。普通の詩に見せて、中に恋人の名や愛のことば、その他の情報をクロスさせて忍ばせておく。アクロスティックの場合は、ひそませておく情報は句の冒頭とは限らない、二字目、三字目でもいいし、斜めにセットしてもよい。——というわけで、実際に学生たちと共に楽しんでみました（以下、「情報」の方向を「↓」で示します）。

言文三年　大下綾

←
やきたての
きいろい色が

いしの中
もうとまらない
やっつください

「やきいもや」に導かれて「やっつください」と言ってしまったところに、本人も驚くような、日常のことばからの解放があります。理知という計画性に統御された思考（発想）を超える過激さが、この「や」の偶然性によって導き出されたのです。

←
だいスきよ
ポンポンおごって
しらンかお
私はサイフを
ずうーっとしまって

言文三年　三枝ちひろ

フィクションです。でも世相を反映して真実味がある。その虚実皮膜のあわいに漂うあっけらかんとしたおかしみと、こわさもちょっぴり。

←
ヒとづまの
ラたいをみたら
ケふゆめに
ゴまったもんだ
マたみるよかん

国文三年　嵯峨史恵

〈ことば遊び〉だからこそできた作品。それにしても、行儀正しいお嬢さんが何を考えているのだろう、と私、感心するやら、首をかしげるやら、でした。

←
せがたかく
きりん!!　といはれた
やめてよね
りすとかねことか
さういふのがいい♡

国文三年　関谷理沙

これは自分の名を折り込んだ作品。「中学時代の思い出からひとつ……」と詞書が添えられていました。たしかに作者はすらりとした学生です。「やめてよね」が生きています。クラスの中で友人どうしが互いに名を折り込んで作品を見せ合うのも一つの〈遊び〉です。親しい間柄だけに随分キワドイものもあったのですが、本人たちの了解を得た上で、

←
↓まえのまさのぶ

言文三年　近藤晃次

えろいおとこだ
のーまるはだめ
まにあっくだよ
さいてーなやつ
のうみそないよ
ぶたれるのスキ

「まえのまさのぶ（前野正信）」君はクラスメート。この辺りになってくると、男子学生の持ち味発揮というところでしょうか。友人の名前に導かれて出てくることばのイメージの豊かさ（?）、過激さ（!）。前野ご本人いわく、「楽しませてもらいました!」。事実から離れた突拍子もないことばが誘う笑いです。

学生たちの〈遊び〉の前では、教師も手つかずではあり得ません。私の名（卓夫）を折り込んで作られた傑作（!?）を一首。

まつもとさん
さいきんずっと
おかしいの
くるおしいほど
→ただひとめぼれ

言文三年　松本理沙

ことばでは何とでもいえる。〈遊び〉とわかっていても、この過激な（「くるおしいほど」の）ゴマスリはうれしいもの。学生たちがくれた「宝物」の一つです。

モーツァルトもびっくり

さて、本番の〈遊び〉。学生たちはどんな手紙を書いたでしょうか。

モーツァルトへの手紙

言文三年　木村美里

昨日、思い出のあの場所へ行きました。一年前のちょうど今頃、あの場所で私は恋に落ちたのです。でも、一七五六年生まれのあなたと私は、二二一歳も年の差があります。国も、生まれ育った時代も違います。何百人、何千人というファンがいるあなたにとって、私はその中の一人にすぎないのかもしれません。あの場所で一人、そんなことを考えながらあなたの作った曲を聞いていました。

あと一週間で、私は二十一歳になります。今年の誕生日もまた、一人で過ごすことになりそうです。普通の人を、せめて同じ時代に生きている人を好きになっていたなら、と考えることもあります。でも、人を好きになるということはなかなか思い通りにはいきません。

もしも、あなたがこの手紙を読んで、私に会ってもいいと思ってくれたなら、私の誕生日にあの場所へ来て下さい。「アイネ・クライネ・ナハトムジーク」を聞きながら待っています。

なんだかしんみりしてしまいますね。〈遊び〉の中なのに、いや、〈遊び〉だからこそ確かなリアリティーを作り出しています。

モーツァルトへの手紙　　国文三年　堀今日子

あぁ、今日はあいにくの雨。昨日まではずっと天気のよい日が続いていたのに。あなたも残念ね、こんな日に来るなんて。さっきからキョロキョロ周りを見まわしていて、落ち着かないようね。それも無理ないか。二十世紀末期、日本、愛知淑徳大学、二二三号室。そこであなたの曲が流れているんだものね。あなたは後ろの席の私のこと全く知らないだろうけど、私は小さい時からあなたのこと知ってるんだよ。親があなたの曲好きで昔からよく聞いてたから。私は普段はポップとかロックとか聞いてるけど、たまにこういう授業とかであなたの曲を聞いたりすると、やっぱりすごいって思うよ。本当にあなたは天才だとつくづく思う。でもポップとかロックも結構いいんだよ。こんど聞かせてあげるね。それにしてもそのタキシード姿、浮いてるよ。今度この授業聞きに来るときは、もっと楽な格好で来た方がいいよ。授業中だから、先生にバレないようにこっそり読んでね。

学生たちが「手紙」を考えている間、私は教室へCDを持ち込み、モーツァルトの曲を少し音量を落として流していました。掛けた曲目は、

「ピアノ・ソナタ　K545」　ワルター・ギーゼキング（ピアノ）
「ヴァイオリン・ソナタ　K377」　ワルター・バリリ（ヴァイオリン）
パウル・バドラスコダ（ピアノ）
「アイネ・クライネ・ナハトムジーク　K525」　ブルーノ・ワルター（指揮）
コロムビア交響楽団
「グラスハーモニカのためのアダージョ　K617」　高橋美智子（グラスハープ）

などでした。そうしたら、――

モーツァルトへの手紙

国文三年　天野比呂子

モーツァルト、ソナタあなたはアレグロ、じゃなくてあれでしょ、わかってるのよ。アンダンテ人《ひと》はワルターよ。ワルよワル。わかってるんだから、私。でもいいの。しょうがないのよね。そーよね。そーなのよ。あなたには可愛いお子様もいるし、キレイな奥さまもいるわ。アンダンテ人は最低よ。ワルターよ。バリリリリッてあなたの運転のバイク最高よ。パウル・バドラスコダわ。やだっ、私何言ってるのかしら。ロマンっツェものは何もなかったわ。気分はブルーノ・ワルターよ。コロムビアにでもどこにでも行っちゃえば。私だって女だもの。グラスハーモニカくらい弾けるわよ。あなたのために弾きたかったけど、弾かせてもらえなかったわね。わたしもなんだかんだソナタに言ってるけど、やっぱりあなたの曲すべて好きよ。だって、あなたの曲、いろんな表情するんですもの。そーっと、後ろから抱きしめたくなっちゃうわ。やだ、涙出てきちゃった。じゃ、またね。

演技としての発信人

発信人として誰を想定するか。作品の中には、マリー・アントワネットからの手紙という設定もありました。あるいは、作曲家の窓の外で曲を書き取って売ることを職業にしていた写譜屋（音楽盗人）になって、「もっとゆっくり作曲してくれないと書き取れない」とモーツァルトへ苦情をいう手紙など、調べたり、舞台設定に工夫を凝らしたりしたものなど、さまざまな作品がありました。モーツァルトへの手紙という設定そのものが、ことばの演技性を誘発したのです。

ママの好きな人、モーツァルトおじさんへ　国文三年　早野さつき

ねえ、おじさん。おじさんは「モーツァルト」っていうんでしょ？　ぼくは知ってるよ。ぼくのママが言ってたもん。ママはおじさんのことが好きなんだって。

でも、おじさんはぼくのパパじゃないよね。ぼくのパパはちゃんと家にいるもん。パパとママはとっても仲良し。いっしょにピアノをひくんだよ。マ

マもパパも、小さいときからずっと音楽の勉強したんだって。その話をすると、必ずおじさんの名前がでてくるよ。ママはおじさんのことが好きなんだって。

　でも、おじさんはぼくのパパじゃないよね。おじさんの写真を見たけど、色がついてなかったよ。それに、ママといっしょの写真はないし。おじさんはママが嫌いなの？　ママはいつも「モーツァルトが好き」って言ってるのに。

　ねぇ、おじさん。ママに会いに来てよ。ママといっしょにピアノひいてよ。パパには秘密にするからさ。約束だよ？　ママの好きな人、モーツァルトおじさんへ。


発信人は人間とは限らない。天才モーツァルトをこの世に遣わした神からの手紙もありました。そしてまた次のような手紙も。

モーツァルトへの手紙

国文三年　中根知代

モーツァルト、あなたが亡くなったから私が生まれた。あなたの生まれ変り。似てるかしら？　私は今、たくさんの仲間たちと顔を並べて生活してる。たまに夜暗くなってから、私たちの部屋に入ってきて、肝だめしのごとくに怖がっている子供たちがいるの。そりゃぁ私たちだって生きてるんだから、少しくらい目だって動くの。失礼でしょ？

あなたに見てもらいたい、今の私を。ということは今のあなたでもあるのだけれどね。私は肖像画なんだもんね。実際のあなたよりずいぶん美形でしょ。こんなこと言ったらおこられちゃうかしら？　今もあなたの曲が聴かれてる。そしてみんなが私を見るの。こんな顔かーってね。照れる照れる。あなたがステキな音楽を残してくれたから私も鼻高々だよ。

私はあなたの代わりに生まれた限り、あなたの名をけがさぬように、モーツァルトとして生きていくよ。

「失礼でしょ?」「照れる照れる」の語句によって、文章に自由な感じが生まれています。遊びだからという条件があるために、若い人の日頃の語法が書きことばの中で気楽に使われていますが、私は、これらのことばは日本語の文章を間違いなく豊かにしていると思います。

次の作品、高いランクの評価を与えたものですが、返却してから作者に「注」を付けてもらいました。(原文横書き)

DEAR：モーchan

言文三年　松原千絵

Hello!!　元気？　ちえは超元気!!　何かすっごいひさしぶりーって感じだね。何してた？　まあモーchanの事だからずーっとピアノ弾いてたカナ？　たまにはカラオケでも行こーよ♡ちえは最近バイト×100です。しくしくあとでもパルコ南館には行ってきたよ♡ズッカとかロペとか色々入ってた。ミーchanはヴィヴィアンの服ばっかだね。ゴージャスな服とそのまき髪!!　超cuteだねそーいえばこの前モーちゃんをTVで見た!?　と思ったらマリス・ミゼルだった(笑)　何かキャラかぶってない!?　But!!　モーちゃんのがかっこEーよ♡来年は就職活動だよーブルーこりゃ永久就職か!!!　ムリだっちゅーの。むぎゅ。モーちゃんに雇ってもらおーかナ「アイネ・クライネ・ナハトムジーク」のえへん虫バージョンなら歌えるぞ

じゃー、また Tel してちょーだい。J -PHONE だからスカイメールしよーね♥それではー

Bye-Bye

From：ちえ

(次ページ図を参照。)

モーツァルトへ宛てて現代の若い人のフツーの手紙文（多少の誇張はありますが）を採用しているところに遊びと意外性があります。普段のことばを逆に〈演技〉として生かした傑作です。

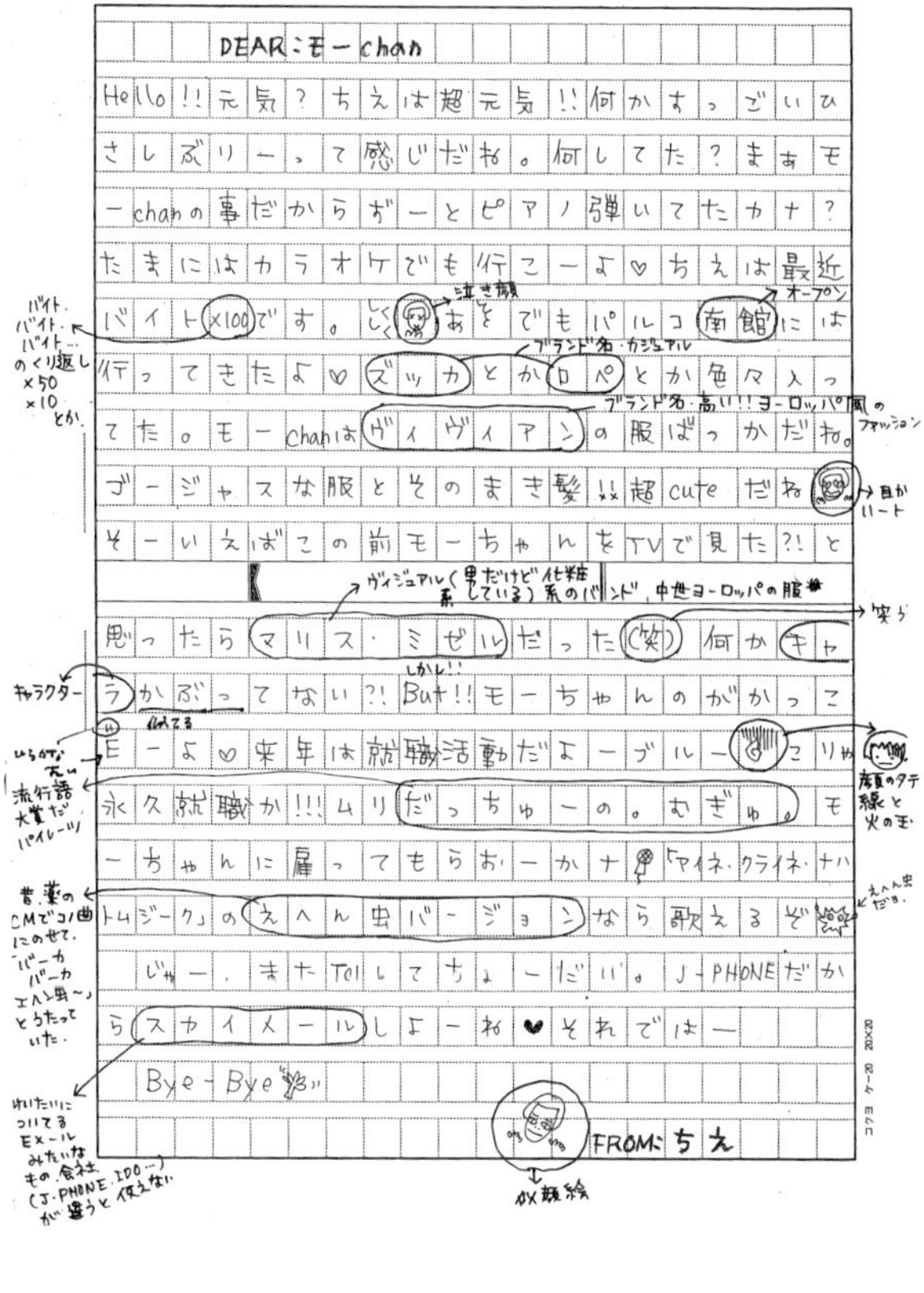
DEAR：モーchan
Hello!!元気？ちえは超元気!!何かすっごいひさしぶりーって感じだね。何してた？まぁモーchanの事だからずーとピアノ弾いてたカナ？たまにはカラオケでも行こーよ♡ちえは最近バイト×100です。しくしくあぁでもパルコ南館には行ってきたよ♡ズッカとかロペとか色々入ってた。モーchanはヴィヴィアンの服ばっかだね。ゴージャスな服とそのまき髪!!超cuteだね
そーいえばこの前モーちゃんをTVで見た?!と思ったらマリス・ミゼルだった(笑)何かキャラかぶってない?!But!!モーちゃんのがかっこEーよ♡来年は就職活動だよーブルーこりゃ永久就職か!!!ムリだっちゅーの。むぎゅ。モーちゃんに雇ってもらおーかナ「ヤイネ・クライネ・ナハトムジーク」のえへん虫バージョンなら歌えるぞ
じゃー、またTelしてちょーだい。J-PHONEだからスカイメールしよーね♥それではー
Bye-Bye
FROM：ちえ

言文三年　松原千絵

第7章　文章は〈断片〉によって輝く２――断片論

1 〈断片〉の創造性

文章はもともと断片でできている

文章を書くときには、ノートの上で、原稿用紙の上で、あるいはワープロの画面で、抹消・挿入・移動・書き直し……などということをくり返します。これはちょうどこどもが積木のブロックをいじくりまわして、ロボットやビルを作っていく過程に似ています。文章は、そのようなブロック（〈断片〉）からできているのです。

印刷された文章、とくに出版された作品などを読むと、多くは完結した一種の〈世界〉を持っていて、そこに破綻とか、ほころびというものを見つけることはなかなか難しいものです。読書の姿勢として、まず与えられることばを素直に受け入れようとする基本的な態度は、人が本来持っている美的な傾向ですから当然といえるかもしれません。読者は、目の前の文章の全体をまとまりを持ったものとして受け止めようとします。でき上がった文章は、すでにテキストとして不動のものと考えられ、受け入れられていくわけです。だから、既成の文章を読むと、そこに見られるまとまりとか、完結性とか、論理の整合性とかいったものは、文章が書かれる前から作者の中で明確にできていたかのような印象を受けてしまうものです。

しかし文章表現を意識的に試みてきた本書の読者は、すでに経験として、文章はもっとバラバラな部品が集まってできてくることを知っているはずです。しかも、その部品は入れ替え可能な関係にあり、いったん完成したとはいっても、まだほかに可能な選択がありえた中から、仮に採択された一つの結果でしかないことを知っているはずです。

長い作品（文章）もいくつかの部品から成っています。その部品は、作者の発想を体現することばであり、結果として全体の中にうまく収まるように切り口を工夫された断片です。これらの断片が、隣の断片とつながったり、対立したりという、とり合わせの妙を得て、見えなかったものを見えるようにしたり、作品のスリルを形成したりするわけです。

メモの創造性

文章を構成する断片が最初にあらわれてくるのは、すでに第4章で見てきたように〈メモ〉の場です。

個々のメモがどんなふうにつながるか。どのようにつなげるか。つながったものが、新たにどんな意味やイメージを持ち始めるか。そういうふうに考えていると、こうした連合がつぎつぎと起こってくる。つながったことによってすこし大きくなった断片が、また別の断片との間でつながりを求める……。

この過程は、書く内容の発見であると同時に、文章の叙述のすじみちの発見でもあります。

当初からある程度の方向性は見えていることも多いのですが、それだけでは文章にはなりません。文章は、本文を構成する具体的なことばによってはじめて成り立ちます。その具体的なことばの出現によって、本人も当初は気づいていなかったような新しい発想が現れ、気づかなかった新しい側面が見えてきます。文章を書くことによる発見とか、自分自身の再発見と呼ばれるのはこのことでしょう。

具体的な個々のことばと漠然たる方向性と――この間の折り合いをつけ模索しながら、具体的なことばによって幻想の方向性を超える、新たな現実のすじみちを作り出していく。それが書くという作業の創造的な側面です。

【余話――M氏の方法】

ここまで述べてきて、思い出すことがあります。それを書いておきましょう。

学校を出たばかりの私が教師生活のスタートを切ったのは、愛知県の南の半島の先にある小さな高等学校でした。そこで松永兵庫（以下M氏とよぶ）という老画家に出会いました。美術の講師として週に二日、学校へ来ていたのです。

親しくなってから、勧められて私も油絵を趣味とするようになり、小さなアトリエを訪ねて制作中の作品を見せてもらいました。芸術の話を聞かせてもらいました。壁に制作中の作品が六、七点、ファウンデーション（下塗り）を含めると十点ほど、むこう向きにして立て掛けてありました。すべて「顔」の作品でした。

M氏の方法。同時進行のキャンバスを複数枚用意する。一点の制作を集中的に試みていくかたわら、その日パレット上に余った絵の具を、別の真新しいキャンバスの上にアトランダムに塗り付けておく。毎日これをくり返して、余りの絵の具を新しいキャンバスのほぼ全面に行き渡らせるまでつづける……。ある日、この絵の具の塗りたくられたキャンバスをイーゼルに立て掛け、コーヒーを傍らにしてぼんやり眺める。「すると、そこに顔が見えてくるんですよ」とM氏は語った。キャンバスを逆さまにして見る。「するとこんどは別のオバケみたいな顔が見えてくるんですよ」とも語った。

実際にキャンバスを立て掛けて、「これが目としますね、するとこれがあご。ね、見えるでしょう？　これを追究していくんですよ」

そして、「絵はね、向こうにあるものを写すのではなくて、目には見えないものをも見えるようにするのですね。クレーだったかな、そんなことを言ってますね」とも語った。

M氏の「顔」の作品は、鬼あり、少女あり、羅漢あり、花吹雪に透ける菩薩あり……今までに見たことのない、画面一杯にデフォルメされた顔でありながら、人を惹きつける深さと静けさがありました。ある日、私はそれらの一枚に、本人は気づいていなかったのですが、M氏の娘さんの面影を見ました。

あの頃から使ってきた私の古い絵の具箱。その蓋の裏に、「偶然・混沌・遊び」という文字が書いてあります。M氏が亡くなったあと、氏から教えられた絵の方法を私なりに集約したことばです。――

認識と〈断片〉

文章を書くときには、私たちはことばの〈断片〉をつなげることによって、漠然と感じ取っている全体のすじみちを、具体的なものとして形作っていく、と述べましたが、この過程は実は私たちがあらゆる対象を認識するときの構造と重要な関係をもっています。

たとえば「世界」という対象をとり上げてみましょう。私たちは、生まれたときすでに「世界」の中に存在しているのに、したがって、「世界」の一部を目では見ているのに、「世界」ということばを知らないうちは、「世界」というものの存在を知りません。成長のある段階で「世界」ということばを聞き、自分もやがて使うようになる。こうして「世界」の概念が漠然と私の中に作られていきます。はじめは他人の使い方との間にズレを感じたりしてひそかに修正しながら、それでもいつの間にかきわめて自然に「世界」という語を使うようになっていきます。概念としての「世界」が私の中にできたといえるでしょう。これが一般に「世界」を知っているということです。知識としての「世界」です。

でも私たちは「世界」の全体像を見たことがありません。

私たちが真に見ることができるのは、目の前の風景＝世界の断片、だけです。幼児期、私の目に映っていたのは、これだったのです。

具体物としての「世界」を改めて見ようとするとき、私たちの前に現れてくるのは「世界の断片」なのです。世界は〈断片〉によって姿を現す。

「世界」だけではありません。「人間」も、個々の人によって、個々の人の個々の側面（＝〈断片〉）によって、はじめて姿を現すのです。

音楽を聴くとき、私たちが真に聞くことができるのは、今、鳴っている音（＝〈断片〉）

なのです。書物を読むとき、真に読むことができるのは、今、目に飛び込んでくることば（＝〈断片〉）なのです。

すべてのモノ・コトについて同様のことがいえます。

私たちの思考の対象（それは宇宙のあらゆる事象にわたる）は、一時に全貌をあらわすなどということはあり得ない。つねに〈断片〉として、一側面として、私たちの視覚や脳裏にあらわれてくるのです。

第3章の「水の入ったコップ」で確かめたことを思い出してください。コップを概念として知っていることと、目の前のコップを見ることとの間の大きな距離。その間を埋めるのは、ことばが捉える「コップの断片」でした。この〈断片〉によって、具体物としてのコップがはじめて捉えられてくるのです。

目の前にコップがあっても、その個物としてのコップはほとんど見えず、「コップ」という概念だけで見てしまう段階から、目の前のコップ、私のコップが見えてくる過程は、認識の構造であると同時に、文章が書かれるときの思考の過程でもあるのです。

創造的な文章とは、一般概念のかげに隠れている事柄（個物）の発見であり、あるいは一般概念化がまだなされていない事柄（個物の関係）の発見です。その発見をことばによって客観的に示すことです。

一般概念から個へ

私たちは日常の会話や思考をことばで行っています。ことばを持つことによって抽象的思考が可能になったのです。個々のモノから離れて、ことばがモノの代わりを務めるようになる。私たちをとり巻く森羅万象（モノ・コト）は、〈個物〉としてはあまりに数が多いために、同類であるという点で〈一般概念〉のもとに一括して扱うことが習慣化していま す。これが一般概念としてのことばを持つということです（第1章でふれたように、ソシュールは、「ことばが結びつけるのは一般概念と聴覚映像である」と言っています。コップという音とコップという一般概念がことばで結び付く。これが記号としてのことばの働きです）。

たとえば、「コップ」という一般概念は、現実に存在するコップではなく私たちの頭の中にだけあるものです。ことばを使う社会的存在である私たちにとって、現実のコップよりも、この一般概念としてのコップの方が、優位に立って私たちを支配するところに落とし穴があります。

実物は見たことがなくても、ことばだけは知っているということが、どんなに多いことか。情報社会と呼ばれる現代の社会は、その傾向をますます強くしています。

個々の具体物を離れた、ことば優先・一般概念優先の人間の認識のあり方について、哲学者のシモーヌ・ヴェーユは『ヴェーユの哲学講義』の中で、次のように触れています。

○《……おなじ種類のすべての存在に共通する何かが存在するのは、世界の中にではなく、私たち自身の身体の中になのです。》（こどもはどんな男性を見てもはじめのうちは「パパ」と呼びます。）

○《一般概念と呼ばれるものは、現実にはひとつのたんに混乱した像にすぎません。精神はつねにこの混乱した像からはじめるわけで、そのあとでしか個別の概念の獲得には進めないのです。》

○人がふつう考えているのとは反対に、《人間は、一般的なものから個別的なものへ、抽象的なものから具体的なものへと高まっていくものなのです。》（このことは教育学において大切な意味を持ちます。）

○こどもたちに観察することを覚えさせたり、抽象的なものから具体的なものへ移行させたりするには、感情に訴えなければなりません。物が抽象から抜けだして具体の中へ移行するのは、もっぱら感情のおかげです。

《このように、人がふつう考えているのとは反対に、個々の物について観想するということは、人間を高めることであり、人間を動物から区別する

ことでもあります。》

シモーヌ・ヴェーユ　渡辺一民・川村孝則訳
『ヴェーユの哲学講義』ちくま学芸文庫

ヴェーユが「教育学において」といっていることは、広い意味がありますが、さらに一例を付け加えるとすれば、教師の態度として、「こどもは……」「生徒は……」という捉えかたと「Aさんは……」「B君は……」という捉えかたの違いを比較してみるのもよいでしょう。

私たちは〈一般概念〉によってものを見る癖（習慣）をつけてしまっています。それでわかったつもりになっているところに、私たちのこころの問題が潜んでいるといえるのです。〈一般概念〉という包括的な（しかも便利な）知識にたいして、〈個物〉あるいは個物の側面は、あまりに断片的かもしれません。しかしその〈断片〉を捉えることこそ、私たちを人間として「高める」ことになるのです。

創造的な文章をこころがけることは、ヴェーユのいう「人間を高める」有効な手段なのです。

「ウソっぽい文章」

「まとまった文章はウソっぽい」

「まとまった文章を書くと、なんかウソっぽくなってしまう」

学生たちに、自分の成長過程において関わった文章（とくに作文）についての感想を書いてもらう中に、ときどきこういうことばが見つかります。

中には、学校で書かされる作文は、そういう「ウソっぽい」ことを書いて提出するものだと割り切ってあきらめていた、という趣旨のことを書いている者もいます。

「ウソっぽい文章」を書くことも、ときには処世術として（文章は一種の演技なのですから！）必要かもしれませんが、それはそれとして、この「ウソっぽい」という否定的な感覚は自分の文章に対しても、他人の文章に対しても、大切にしたいことです。

この感覚は、文章（ことば）に対するさまざまな違和感を含んでいるのでしょうが、そこには、〈一般概念の操作によるストーリーの整合性〉を重視した文章への反発があるのです。

図式的に言えば、

①書く前にすでに類型的なストーリーが前提となっており、あとはそれに合わせて都合

のよい事例を配列していくだけ、というケース。

②書き進めていく文章が最終的には、あらかじめ準備されていた類型的な結論へ強引に導かれてしまう、というケース。

の二つが考えられるでしょう。どちらの場合も、せっかくの発見が裏切られ、社会的倫理や常識、あるいは個人的な独断によって文章が支配されてしまうことを示しています。他人の文章に、また書き手が自分自身の文章に、そういう傾向を察知したとき、「ウソっぽい」と感じるのです。

ストーリー化への抵抗

「ウソっぽい」は、一般概念化された類型的なストーリーがあらかじめ準備されていて、それによりかかって叙述しているだけなのに、あたかも「自己表現」であるかのように見せかけた文章に対する抵抗感を感覚的に表明したことば（右の①に相当）であると同時に、具体的な歴史的事象や個人の倫理的行動の評価に際して見られるように、本来個々のものである事象を一般概念化されたストーリーによって説明してこと足れりとする認識のあり方（右の②に相当）に対する、一種の異議申立てでもあるのです。

「愛」とか「平和」とか「青春」とか「努力家」とか、そのような認識に加担する一般概念は、私たちの周囲に日々あふれています。

類型的なストーリーは意味がわかりやすい。日々のことばの洪水の中で、自分のことばで考えることを忘れた精神には、聞き慣れていることばの方が、惰性で受け入れられやすい。そういう特徴があります。もちろん、発し手の側にも同様の事情があります。ここに類型的なストーリー化の誘惑が忍び込みます。文章を書こうとするときにも、私たちは同じような状況の中にいるわけです。

このような類型化の危険をかいくぐって、書き手の本来求めている認識を文章の中で作っていくためには、個々の事象に徹底的に関わる姿勢が重要です。文章表現の場では、ストーリー以前に、まず文章やことばの〈断片〉という形で、その人独自の認識は姿を現してきます。この〈断片〉を、安易にまとめられた既成のストーリーにゆだねてしまうことなく、〈個物〉としての対象から一回かぎりのものとして導き出される叙述のすじみちとして構成していくのです。対象の中に隠れていた新たなストーリー（構造）の発見。それを読者にもわかるようなことばの作品として実現させる。これが創造的な文章表現ということです。

裂《きれ》はどんな風にして、生まれてくるのでしょう。いつも機を織りながら思うのですが、この先どんな風に織ってゆくのか、自分でもわかっているような、わからないような。しいていえばわかっているのですが、意識にはのせないで、そっとしておく。触れれば崩れてしまいそうですから、形にしないで、浮かばせておく、かすませておくのです。

空間に揺れ動いている細い線をたよりに、五感をしずめてまっている。そのわずかの間、かすかな気配、自然に経糸が上下する、交錯する空間に糸が走る、陰と陽の空間に糸が走る。糸が裂になる瞬間を掬い上げるのは、呼気と吸気の間です。ですからおのずと息をととのえ、一織一織、織りすすんでゆきます。裂になってゆくときの、経糸のふるえはまるで竪琴のよう。

志村ふくみ『語りかける花』人文書院

引用したのは、染織家が自分の仕事の創造的な部分について述べているものですが、「意識にはのせないで」「五感をしずめて」などのことばに、創造を文字通り行おうとする人の心構えがあらわれています。

文章表現における〈断片〉は、思考の生きた状態を保存することばです。この個物としての〈断片〉を、既成のストーリーにさらわれる以前に、本来の生命体として大切にあつかうことによってのみ、文章は柔軟な叙述を獲得し、創造的に組み立てられていくのです。

2 作品としての〈断片〉

〈断片〉の力

たとえば、あなたが公園を散歩の途中、足元に見知らぬ鳥の羽を見つけて、思わず手にとったとします。じーっと見つめてしまうのは、なぜでしょう。ふたたび歩き始めるとき、捨てるのにあるためらいを感じるのは、なぜでしょう。

芸術家や文学者の生家を訪ねて、あるいは「生涯と作品」などと銘打った催しの会場で、絵の具を塗りたくったパレットや書きかけのノート、原稿、使い古された万年筆のたぐいを目にするとき、ガラス越しにじーっと見つめてしまうのは、なぜでしょう。

一冊の本を読み終えたとき、本文中のささいな叙述が妙にこころに残っていることがある。むかし読んだ長編小説を書棚から取り出してとりとめもなく読んでいるとき、偶然目に入った一節にこころ惹かれ、思わずそこだけをくり返し読んでしまっていることがある。全体の論旨やストーリーとはあまり関係ない、むしろ枝葉の部分なのに……。

こういうことはなぜ起こるのでしょう。これはいったい何なのでしょう。

人はそういうとき、〈断片〉の前にたたずんでいるのです。

いま目の前にある小さなかけらとあなたのこころが交信している。これがじーっと見つめてしまう理由でしょう。この「交信」を起こす〈断片〉とは何なのか。

〈断片〉とは、

① 「部分」である。

② 「実物」である。

という条件をそなえているもののことです。

これが私たちに働きかけてくるような力を持つのはなぜでしょうか。

〈断片〉のはたらきとして考えられるのは、

①「部分」であるがゆえに「全体」へ向けて想像を誘う。
断片を眺めることは、常に全体はどうなっているのだろうか、ということを考えさせる。断片は、人の思考やイメージをその断片の周辺へ拡げていく。
②「実物」であるがゆえに「全体」からは見えない「細部」を示す。
「全体」はことばでは容易に表現できても、モノとしては捉えられないことが多い（たとえば「世界」「人間」）。実物を見るためには「断片」によるより方法がないことが多い。長編小説でも「全体」を一時に頭の中に思い浮かべることはできない。ページをひろげたとき、目の前にあるのは「断片」である。
③〈断片〉はそれだけで存在しても、「新しい意味」を持ちはじめる。
全体から切り離された（あるいは、まだ全体とはつながっていない）状態で存在しても、断片は、見る人、受け取る人の感受性によって、独自の意味を持つ。しかもその意味は人により違ったものとなり得る。
④他の〈断片〉とのつながりによって新たな意味を持ちはじめる。
一つの断片が他の断片の近くに置かれることによって、新たな意味を持ったり、新たな「全体」を想定させることもある（結びつき方によって新たに「全体」像を創造するはたらきを持つ。）

以上に述べた〈断片〉のはたらきは、考古学上の発掘物から、生物・鉱物の標本、楽曲の一フレーズ、記憶・夢・想像、そして、文章のメモなど、〈断片〉一般に共通することです。これを確認した上で、ふたたび話を文章表現にもどしましょう。

説明のつかない発想・未発見のストーリー

文章を書こうとしてさまざまな発想をメモしていると、ときに、なぜそんなことを考えたのか、それにどんな意味があるのか、よくわからない考えやイメージが浮かんでくることがあります。個々のメモ（発想）の価値は、本人にもわかりにくいものです。叙述の全体・論理的整合性ということが優先されると、そのような判断保留の発想は結局無視されがちになります。潜在している価値が見逃されてしまうわけです。

この〈ひっかかり〉の感覚、説明のつかない発想は、本人にもよくわからないというところに、いわば未発掘の魅力・可能性を秘めているのです。

学生の作品などの場合でも、提出作品にメモを添えて出してもらうと、完成作よりもメモの中にある発想のほうがユニークな魅力をもっていることがあります。完成へ向かう論理の中で、メモの段階には内包されていた可能性が陽の目を見ずに葬られてしまったのです。こういうことはよくあることです。

教室では、学生の〈メモ〉を覗く機会をできるだけ多くつくり、私なりにその価値について個人的な意見をはさませてもらうようにしていますが、こういうことは教室という特殊な場でのみ可能なことです。一般的には書き手は孤独なものです。自分の発想を客観視することは、なかなかむつかしいのです。

完成作よりもメモの状態のほうが生き生きしている。こういうことが時々あることに、私は文章表現にとり組み始めた早い時期から注目してきました。それならば、ひとまず、メモのままで保存することを考えてみてもよいのではないか、と。

もちろん、先人たちにもそういうことを実行している人がいました。〈作品としての断片〉という考え方が、こうして生まれてきます。

ことばは読者の中でも生きつづける

二十世紀の偉大な詩人であり思想家であったポール・ヴァレリーは一八九四年から一九四五年にかけて、ほぼ毎朝四時から七、八時まで朝の最も澄明な時間を使ってさまざまな思索をノートに書きしるしました。そのノート二六一冊は『ヴァレリー全集・カイエ篇』として日本語にも翻訳出版されています（全九巻、筑摩書房）。

朝は私の住処である。

そこには私にとって節度ある透明な悲しみがある。私は寒いようでもあるし、まだベッドの温りで温かくもある。私は一日のこの点においてはいつも、心に関しては、原因のない涙を私に催させそうな何かよく分からぬ矢になかば貫かれ——なかば対象のない明晰さに——冷たく鎮めがたい《理解への緊張》に夢中になっている。

それが私の雑録であり、朝がすべての……（一語解読不能）に提示し、一日の残余の時間によって混乱せしめられ利用される私の特徴的な公式である。私が三十五年前に知り、そして私をいま在るところの私たらしめた《万事暗記されたり》についての恐るべき印象。

究めつくそう、限界へ移行しようという意志。

菅野昭正訳『ヴァレリー全集・カイエ篇』第一巻、筑摩書房

これは一九二七年の記述です。解読不能の部分を含めて、読者である私たちにもいろいろなことを想像させ、考えさせてくれる〈断片〉です。すべての記述が、思考の断片とし

ての短文からなっています。たとえばこんな一行だけのメモもあります。

> 私には無数の断片からなる単一の精神がある。
>
> 『ヴァレリー全集・カイエ篇』第一巻

ここには、精神の「断片」性と「単一」性という考えが示され、さらなる思索へ私たちを駆り立ててくれるものが潜んでいるようです。

これらのおびただしい断片は、ヴァレリーの別のまとまった作品と密接に関わるものも含んでいますが、その大半は断片のまま、メモのまま、ヴァレリーの思考の片鱗を覗かせる形で残されています。発想はあくまでヴァレリーのものであっても、その価値についての決定を保留したままの状態で、いわば、むき出しの発想を提示しています。死の年まで書きとめられたこれらの断片は、作者の死によって、こんどは読者に手渡されることになったのです。

その日から、読者の中で、これらのことばが発酵をくり返していくことになりました。考えてみれば、むかしから多くの断片が、同じようにして伝えられてきました。作者自身が断片のまま残すことを意図したもの、本来は発表される予定のなかったものが幸いにも偶然の機会から後世に伝えられることになったもの、あるいは、弟子や友人によって集められ編集された断片……。

レオナルド・ダ・ヴィンチの手記や、パスカルの『パンセ』、あるいは『論語』、『枕草子』、など、断片的な文章であるからこそ時代をこえて生命力を保持し続けている古典が私たちの周囲にはたくさんあります。

先人の残した〈断片〉

大きな計画の一環としての断片的思考を書きとめたものとしては、いわゆる創作ノートの類があります。これらは本来発表される予定のなかったものであるだけに、作者が書きとめた意図とは別のさまざまな情報を後世の読者に伝えることにもなります。

ドストエフスキーはその主な作品について厖大な「創作ノート」を残していますが、それらの断片は作中人物の性格メモであったり、町中の一描写であったり、会話の案あり、作品全体の主題あり、プロット、プログラム、調査事項のメモ、など多岐にわたっています。作者自身もそのメモの多さに混乱を恐れて（以下、米川正夫訳、河出書房新社版『ドストエーフスキイ全集』六「『罪と罰』創作ノート」による）、「忘れないこと」とか「重大なこと」「重要なこと」などという自分むけの見出しを連発し、挙げ句は「重大な肝要なこと」「最も重大なこと」「極めて重大なこと」……と創作現場のテンヤワンヤをうかがわせる〈メモ〉を残しています。

こういった創作メモのような断片は、読者の関心や感性によっては、そこに書かれた意図を越えた多様な情報をもたらすことがあるものです。〈断片〉が、作者から独立した、いわば〈作品〉として読者の中で再生しはじめるのです。

〈断片〉は、読者の中でも生きつづけているうちに別の〈断片〉とのあいだに連動・連想作用を起こすこともあります。

> 十日［金］。曇。冷。北縁の籐椅子に倚りて眠る。眼覚むるとき、西の空微かに破れて、薄き光り木犀の込んだ葉を透して、余の顔を射る。
>
> 夏目漱石「日記」より　明治四十三（一九一〇）年六月
>
> 岩波書店版『漱石全集』

漱石がこのように日記に記した日より十三年まえに、まったく別の場所で別の人間が、やはり日記に次のようなことを書き記していました。

一月四日　木。その陰が、孔雀の尻尾になってゐる。そしてこの孔雀は、瞼になってゐる葉を風が動かすにつれて、その日光の眼を開いたり閉ぢたりする。

岸田國士訳『ルナアル日記一八九七〜一八九九』より一八九八年　白水社

あの『博物誌』や『にんじん』を書いたルナアルです。これら二つの断片のあいだのふしぎな共通点。ともにこれがその日の記述の全文です。一日にはいろいろなことがあったはずなのに、それらをすべて捨象して、たったこれだけを書き記す人間のこころのふしぎを私は考えてしまいます。漱石はそのころ胃腸病院通いを始めていました。前後の日記にも「便に血の反応あり」とか「著るしく血の反応あり」の記述が見られます。文学史上の知識として、私たちは、漱石がこの夏の終わりに修善寺温泉で吐血のすえ人事不省に陥ること（いわゆる修善寺の大患）を知っています。

ルナアルの場合はどうだろうか。この断片のまわりにどんなこころの状態があるのだろうか。そう考えて、私は『日記』の前後を改めて読み直したりします。そして、一つの恋のことが他人事のように語られているところを見つけたりすると、「もしかしたら、これも関連しているかもしれない」などと(ルナアルさん、ごめんなさい)、推理したりするのです。……

こうなると、まさに「作品としての〈断片〉」です。このような断片に出会うと、こどものころ雨だれの下で見つけた陶片を机の引き出しにしまっておいて、ときどきとり出しては「宝物」として眺めていたときのような想像の世界がひろがっていきます。

長編の中にひそむ〈断片〉

むかし読んだ小説を思い出したりするとき、中の一節が記憶に痕跡をとどめていて、実際にページをくって、その個所を探すということが、私にはときどきあります。たいていは読みながら何らかの衝撃なり感銘なりを受けていた個所が多いのですが、ただ不思議なことは、そういう個所は必ずしも全体のストーリーに直結しない、どちらかといえば枝葉の、あるいは余談めいたくだりであることが多いことです。

たとえば、ドストエフスキーの『罪と罰』の次の一節。謎めいた脇役として登場するスヴィドリガイロフという男が主人公にむかってふともらす余談めいたことば。

われわれはげんに、いつも永遠なるものを不可解な観念として、何か大きなもののように想像しています！　が、しかし、なぜ、必ず大きなものでなくちゃならないんでしょう？　ところが、あにはからんや、すべてそういったようなものの代りに、田舎の湯殿みたいな、すすけた小っぽけな部屋があって、そのすみずみにくもが巣を張っている、そして、これがすなわち永遠だと、こう想像してごらんなさい。じつはね、わたしはどうかすると、そんなふうなものが目先にちらつくことがあるんですよ。

ドストエーフスキイ　米川正夫訳『罪と罰』
河出書房新社『ドストエーフスキイ全集』六所収

私は学生時代に『罪と罰』を読んでいて、ここへきたとき、この台詞に釘付けにされてしまいました。

「永遠」という、いわば哲学的な観念を、うす汚れた薄明のイメージとして描いている人間のこころのありようにショックを受けたのでした。スヴィドリガイロフという人物の底知れぬ怖さと、そこへ惹かれていく自分自身への驚き、……やがてこの人物が、霧の中で孤独に自殺を遂げていくにおよんで、私は〝ドストエフスキー的なるもの〟に身を置く（読書の）よろこびを知ったのでした。いま、書棚の、いくつかある『罪と罰』の訳書には、そのいずれにもこの台詞の個所に栞が挿まれています。

似たようなことは、『カラマーゾフの兄弟』にもあります。たとえば、スメルジャコフの瞑想癖について述べられている一節など、短いのに、最初に読んだときからなぜかこころに残り、ときどき書棚から出しては、その前後を拾い読みする。ほかにもまだいくつかそういう個所があります。

ほかの作者の、ほかの作品。あげだしたらキリがなくなるのですが、もう一つだけ。

コブタとプーは、夕方の金色にかがやく光の中を、かんがえにふけりながら、いっしょに家のほうへむかって歩いていました。ふたりは、ながいこと、なんにもいいませんでした。

が、とうとう、コブタがいいました。

「プー、きみ、朝おきたときね、まず第一に、どんなこと、かんがえる？」

「けさのごはんは、なににしよ？ ってことだな。」と、プーがいいました。

「コブタ、きみは、どんなこと？」

「ぼくはね、きょうは、どんなすばらしいことがあるかな、ってことだよ。」

プーは、かんがえぶかげにうなずきました。

「つまり、おんなじことだね。」と、プーはいいました。

A・A・ミルン　石井桃子訳『クマのプーさん』岩波少年文庫

文章は〈断片〉からできている。『クマのプーさん』は主にこどもの日常会話の断片を構成要素として書かれています。幼児のことばや行動を近くで観察する機会のある大人なら誰でも覚えのあることを、常々メモしておいたものが素材になっていることは、容易に推測できます。私たち読者は、作品の中にそのような思い当たる断片を見つけては、ほほえみに誘われ、考えさせられるというわけです。

〈断片〉のつくる小宇宙

長い作品の中で、私たちがこころ惹かれる一節には、それぞれの理由があるわけですが、その理由は読者と作品の接する個々の場面によって異なります。ある場合には表現技法（たとえばある語句の用法）に惹かれ、ある場合にはイメージに惹かれ、またある場合にはユーモアや人間的共感を受け取り……といった具合でしょう。

一律に理由を論じることはできませんが、こころ惹かれる場合には、私たちはそういう細部にいわば「小宇宙」ともいうべき一種のまとまりを感じ取っているのも事実です。「部分」でありながら「小宇宙」である、これが文章における〈断片〉と私が呼ぶものの重要な特性です。

ビー玉をながめていると、そこに宇宙が見えることがありますね。小さな断片を見つめているうちに、その断片が、私たちのこころのうちに、まったく別のひとつの宇宙を、ひとつの物語《ストーリー》を、喚び起こす。そういうことが〈断片〉の周囲には起こるのです。これを〈断片の持つ寓意性〉と名づけておきましょう（第10章　二八八ページ以下参照）。

一方、〈断片〉は、長い作品の中では、いつもただ並列しているだけとは限りません。小さな〈断片〉がいくつか集まってやや大きな〈断片〉を形成することもある。長編の中の〈断片〉は、それだけでひとつの小宇宙を構成しながら、他の〈断片〉と連合してさらにおおきな中宇宙、大宇宙を形成していくわけです。

このように考えてくると、〈断片〉という概念は、必ずしも文章の長さ（短さ）によるものではないことがわかります。

『カラマーゾフの兄弟』は断片?

ドストエフスキーは『カラマーゾフの兄弟』の発想の段階において、当初『偉大な罪人の生涯』という総題の大長編小説を考えていたそうです。全体を構成するはずの五つの長編は、途中で変更され、やがて第一部を『カラマーゾフの兄弟』、第二部を十三年後のアリョーシャ・カラマーゾフが主人公として活躍する別個の物語で構成しようと考えていたといいます。作者の死によってこれは実現せずに、第一部だけがいま私たちの前に存在することとなりました。

このいきさつからすれば、長編小説『カラマーゾフの兄弟』は形式的には、未完の〈断片〉であるということができます。

そういえば、この小説の末尾は、アリョーシャをめぐる少年たちの、未来を予測させることばで終わっています。読者である私たちは、今まで読んできた小説の世界から抜け出して、別世界へ旅立つような感覚の中で巻をおくことになるのです。想像を刺激し、さらに世界を広げる働きを〈断片〉の機能の一つ(寓意性)とするならば、この末尾にはたしかに断片的要素があるといえます。——

読書の醍醐味は断片にあり

むかしから読書の楽しみといわれてきたことの中身を考えてみると、その大きな部分は、長い文章なり、厚い書物なりの中に、自分の楽しめる〈断片〉を発見し、くり返し味わうことの充実感を指していたといえます。すでに述べたように、長い作品は一時に全文を頭の中に入れることはできません。読書の途中における〈現在〉は、常に目の前にあることばです。〈全体〉はダイジェストされたあらすじとして捉えられているとしても、表現された原文そのものを味わうことができるのは、目の前のページであり、そこに展開していることばです。

これは、ちょうどスポットライトによって辺りの景色を照らし出しながら眺めていくのに似ています。興味によって動かすとすれば、ライトは一律の速さで移動するわけではありません。「おや」と思うところへくると、止まったり、すこし後戻りしたりします。読書の楽しみの中心も、読んだら終わり、ということではなく、この立ち止まったり、細部をゆっくり検討したりするところにあるといえるでしょう。いわば、自分なりの〈断片〉を発見し、それをもてあそぶ楽しみです。ここにも〈断片の寓意性〉という創造的機能がはたらいています。

本を読んでいて、そういう〈断片〉に出会うよろこびは、人によって微妙に異なります。

取り上げる〈断片〉も異なるし、よろこびの種類・質も異なるでしょう。でも、おのずから多くの人が共通して認める個所があり、私たちはそれを他人と交換し合うことができる。人間の感性の普遍性とでもいいましょうか。やがて、そうした交流が統合されて、作品の評価として定まっていくわけです。

一例を挙げれば、プルーストの『失われた時を求めて』などは、全体のストーリーは、仮に要約してとり上げても（研究としてならいざ知らず、読書としては）さほど面白くないというか、価値がないというか、単なるワク組の紹介に終わってしまうのに、しかし読んでいる〈現在〉の、目の前に展開する叙述の細部が読者の想像力を刺激して引き込んでゆく力は、比類ないものがあります。それは、たとえ翻訳で読んだとしても、〈実物〉そのものにじかに接するよろこびであり、それらの〈細部〉は要約では決して味わえないもの、といえるでしょう。

読者は多く、そのような無数の〈断片〉を作品の中に発見し、さらに細部を味わうことによって、作品に浸ったり、ときには友人と語り合ったりするのです。

本書のめざす作品群

みなさんに書いてもらう文章は、ここではじめから四〇〇字〜六〇〇字という短いものですが、右に述べた長編の中の〈断片〉のように、くり返し読むにたえる文章であってほしいし、読者の新たな想像を刺激するものであってほしいと思います。いってみれば、そういう〈断片〉をこの少ない字数で作るのです。〈断片〉とはいっても、はじめからこの字数をもって終わりとすることを予定するわけですから、そこにはおのずから〈小宇宙〉を作ろうという意識もはたらきます。

書き始めは、自分の独自の感性をモチーフとして出発するから、まだ全体は見えていないでしょう。感性は〈断片〉的であることが多いからです。しかし文章はことばによって作られていきます。ことばは本来、論理的なものですから（ギリシア語の「ロゴス」は「ことば」と同時に「論理」を意味します）、書かれたことばが作者の最初の感性から離れていても、すでに書き始められたことばが、それ自身の論理にしたがって、次のことばを呼び寄せ先へ先へと叙述を展開してしまうことはしばしば起こります。ことばは不用意に用いれば、必ず惰性によって慣用句・常套句の方向へ流れ、作者自身をも裏切ってしまうものです。

そういうことばの持つ惰性に抗して、みずからの発想、みずからの感性を、ことばによって形象化（客観的な形あるもの＝作品・化）する練習が、本書の「レッスン」を構成しています。またそのようなレッスンの中で実際に生み出された文章が、本書に紹介してある学生たちの作品です。

〈断片〉としてのみずみずしさを保ちながら、他の人が読んでも楽しんでもらえるものになっているか。作品のできばえを判断する基準はそんなところに置いたつもりです。みなさんもこれらを鑑賞し、評価しながら、自分でも作品を試み、比較してみてください。

第8章 〝なにか捉えられないもの〟——レッスン「学園の断片」

こころが何かあることがらにひっかかりを覚えるとき、その理由は必ずしも明瞭に意識されているとは限りません。でもその〈ひっかかり〉の背後には大切なものが潜んでいることが多いのです。これも文章表現の重要な対象です。

課　題：「学園の断片」（または「街の断片」）というテーマで、四〇〇字の作品を作ってみよう。

方　法：①日々生活しているあなたの学園（または街）の中の小さな一事象（断片）をとり上げる。

②もしもあなたが文章にしなかったら、そのまま忘れられて（埋もれて）いくだろうと思われるようなささいなこと（もの）をとり上げる。

③「学園紹介」や「沿革」などのように一般的〈知識〉によって書くのではなく、とり上げた事象に感応したあなたの〈意識〉が捉えたもの

を描くようにする。

1　日常の風景の中に

「ことばで捉えられないもの」——意識の断片

まだことばという形あるものになりきれないもの。けれども、確かに、こころの中で何かが動いている、というか、あるというか……。私たちはときどきそういう感じを持つことがあります。

これは何でしょう。文章を書くときに、書く対象が明瞭に見えてから書くという方法（文章観）を採用するならば、これは無価値なものとして顧みられることのないものかもしれません。しかし、明瞭に見えていないものを、書きながら追究し、言語化することに創造の本質を見ようとする立場をとるならば、これは表現の重要な対象ということができます。

頭に浮かんだ映像　　　　国文三年　山口範子

興味なく読み始めた本だった。その文にさしかかった時、ぱっと、生あたたかい感触とともに雨にぬれたコンクリートの地面が頭に浮かんだ。しかし、それはそのまわりの風景がよみとれないほど早く、それが何なのか思い出すことができないほど早く、私の脳裏から消え去った。雨のにおいがした。土曜の午後のような感じもした。自分が以前、実際に見た風景なのだろうか。その時の自分は小学生だったような気もした。自分が勝手につくり出した映像のような気もした。頭に浮かんできたのは映像なのに、マンガの中で感じた風景のような気もした。

思い出そうとすればするほど、生あたたかな感触は消えていった。

これは、「学園の断片」にとりくむ前後におこなった一連のトレーニングの一つ「〝一瞬〟を文章にしてみよう」の中で生み出された習作です。作者の名誉のために付け加えれば、練習ということもあり文末の整理などはまだ十分に検討されているとはいえません。しかし、こころの中をよぎる「気配」とも呼ぶべきかすかな意識の断片を追究することの魅力を十分に教えてくれる〈作品〉です。

作者にもよくわからないもの、「ことばでは捉えられない」ものを捉えようとする試行錯誤が、そのまま表現になっている。いわば、ことばでは捉えられないものを捉えようとして果たせなかった〈ことば〉が、結果として、ある「こころの状態」を読者に伝えてきます。

そういう意味で、この作品は、すでに「ことばでは捉えられないもの」を捉えているといえるのです。

〈ひっかかり〉を追究する

さて、「学園の断片」にとりくみましょう。あえて「断片」とした理由は、〈全体〉としての学園（愛知淑徳大学）を紹介する文章を書くのではなく、日々その中で行動しているキャンパスの小さな一事象をあなたとの関わりにおいて文章化してほしいとの意図があるからです。

あなたのこころが学園の中のある対象に惹かれていく、あるいは、〈ひっかかり〉を感じる。それは、他の人にとってはほとんど存在をも意識しない、そんな対象かもしれません。しかし、あなたが〈ひっかかり〉を感じ、そのものにこころが寄り添っていく、その対象の背後には何があるのでしょう。

その対象を今「学園の断片」と名づけて、作品を試みようというわけです。

想像のネジ　　国文三年　栗本早苗

ふと前の席のイスのネジが一つ足りないことに気付いた。空間が小さなギザギザとした口を開けている。なぜか目が離せなくなった。

イスに座ったらどうなるかという想像が始まった。ありえない非日常が鎖のようにつながり出す。座った途端、ネジ穴に飲みこまれ目を覚まして最初に見る風景はどういうものだろう。パラレルワールド、または永遠に続く暗闇か。

ネジはどこへいってしまったのか。決して離れることのない関係はもろくもくずれ落ちた。背もたれのＪＩＳマークがひっそりと権力をなくし、イスは暴徒と化す。失ったはずのネジが歯車となったのだ。

同時に、私の想像の歯車ともなり、徐々に制御が効かなくなり始めた。極彩色の白昼夢。次々と消えていく学生。

あの冷たいネジが元に戻らない限り、あふれ出す悪夢は止まらない。次に飲まれるのは何であろう。


いきなり過激な想像力の作品を引用しましたが、この作品は、〈断片〉の持つ喚起力という点で、典型的な構造を示してくれます。

目が対象を認知する。その時、対象の背後に、まだ姿をあらわさぬ空間が隠れている。意識の闇の部分（可能性として言語化されるかもしれない未分明なもの）が潜んでいるのです。それへの予感が〈ひっかかり〉の感覚です。

右の作品は、「なくなっているネジ」という些細な〈断片〉が、作者のこころに〈ひっかかり〉として意識され、やがてそれが比喩的にいえば語りかけてくる、そのことばに耳を傾け導かれることによって生まれてきた作品といえるでしょう。対象がこちらへ投げかけてくることばへ耳を傾けるとは、とりもなおさず、作者が自分の中に沈潜し、みずからの内なることばをすくい上げることを意味します。対象へ耳を傾けながら、自分の意識を目覚めさせるのです。対象を、その人独自の感性で認識するとは、そういうことを指すのです。

現場に立つ

このテーマによる作品の制作過程で、私は学生たちに、対象として場所やモノを考えている人には適宜現場へ行くことを勧めました。まだ決めていない学生にも学内をそのつもりで散策してみることを勧めました。ノートと筆記用具を持って、少しウキウキした表情で学生たちは教室を出ていきましたが……。

あきのひ

言文三年　野崎梨恵

きらきらと光が満ちる。秋の優しい絹のような光が細長く白い廊下いっぱいに広がる。光は空中を舞うチリやホコリを核に小さな輝きを次々と産みおとす。まばゆい光の母子が無気質な空間をゆったりと満たしていた。ふと目をやると光の中にブラックホールが顔を出す。無限の闇のまわりに早速きゃらきゃらときらめきがまとわりつく。まるで母の中に溶かしこんでしまおうとするように。しかし黒い闇はそんな無邪気なこどもたちにはお構いなしに日常となっている動作をすませると、きらきらをまとわりつかせたまま光の廊下から姿を消した。後に残ったのはただ光の満ちた空間。こどもたちけ遊び相手がいなくなってもなお楽し気にきゃらきゃらと母親の上を回り、走る。柔らかな光の圧力の中、新たなブラックホールが現れ近づいてくる。こどもたちがきゃらきゃらとまとわりつくとそれは次第に人の姿を取り、やがて友人の姿となった。

「おはよう」

校舎と校舎をつなぐ廊下。愛知淑徳大学の長久手キャンパスの場合、研究棟から八号棟・四号棟への廊下、あるいは四号棟から二号棟・三号棟への廊下などは白い壁に日差しが映えて、日々通る者は誰でも、その明るさをこころに留めているはずです。だから、自分なりに「ああ、あそこのことね」とそれぞれに思い当たる場所を考えることができるでしょう。しかし、この作品はそういう一般的な印象を描きながら、それを超える独自の描写力を誇っています。明るい日差しの中に「闇」を捉えたところ、それによって光の空間が逆光の中に「きゃらきゃら」を生み出しているところ、この把握は、文章化を志して現場に立った者でなければ到底なしえない質のものです。

もちろん、わざわざそこへ出向いたのではなくて、ある朝偶然に目にとめた光景だったかもしれません。重要なのは、そこへ行ったのが意図的だったか偶然だったかではなくて、作者がそこに立ったとき、こころの中に「これを文章化しよう」という意志を自覚した（あるいは、自覚していた）ということです。そのことによって、風景の細部がことばとなって見えてくるのです。ふだん誰の目にも映っている明るさが、このときはじめて「きゃらきゃら」という〈ことば〉となって、この作者には見えてきたのです。一般的な「明るさ」として〈ひっかかり〉を感じさせていた対象の背後に隠れていたものが、作者のまえに〈ことば〉となって姿を現す。風景が語りかけてきたのです。

現場に立つことによって可能になったもう一編の作品を掲げておきましょう。

野外ピアノ

言文三年　神本直美

鋭い朝日を受け、真っ白に照り輝く階段をまぶしさに目を細めながら上る。

石でできた階段なのに、つややかに見えた。

朝日の傾きは、階段に影をつくる。段差以外は平面なのに、真っ白に照らされているせいか、影は浮き上がって見えた。

階段はまるでピアノの鍵盤だった。浮かび上がった影は黒鍵で、対照的に白い鍵盤をきわだたせた。

一番上に上り着いた私は、うしろを振り返る。見ると、階段を上ってくる人がいた。一段一段、段を上るたびに、音階が聞こえた。

私は一段下がってみた。私の立った鍵盤の音と音階が重なった。

この階段は、人が通るたび、学園内に音を響かせる。しかし、音は普通のピアノの様にいつも同じ音ではない。通る人の個性に反映して、その人独特の音を響かせる。私一人で通れば、私の音が、友だちと通れば、メロディーが響きわたる。


研究棟の正面の階段を上るとき、今では私もつい「ピアノの音」に耳を傾けてしまいます。この作品を読むまでは、私にはまったく音楽など聞こえていなかったのに。……耳をすますと、周囲の建物や石が音響装置となっていることもわかります。ことばにされて、はじめて聞こえてきた音楽。好ましい「学園の断片」です。

2　表現の周囲にただようもの

中断・欠落・飛躍

作者がそれと名指しをしていないのに、読者は確実に一つのことを受け取るということがあります。いわゆる達意の文章とか、〝名家〟の作品について多く言われることがらです。

しかし、これとは別に、紙の上に実現したことばが、作者の意図を超えて表現してしまうものがある、というのも文章表現の真実でしょう。書き手が未熟なためにそうなるといってしまえばそれまでですが、これは創造的な文章表現を実現していく際にはしばしば見られる現象でもあるのです。「なにか捉えられないもの」を表現しようとして、もがきながら手探りしていくとき、すべての人は対象のまえで「未熟な」書き手という原点にもどるからです。これは大家もこどもも例外ではありません。手探りしながら進んでいくので、中断・欠落・飛躍といったことが、語句と語句、文と文との間に起こります。これが創造を呼ぶのです。

救い　　国文三年　大河内美里

その日は、急に冷え込みを増した十二月の入り口だった。クラブの練習を終えた私は、七時をまわった時計を意識しつつ、友人と音楽室を出た。交わすことばと笑顔。その裏でくすぶり続ける「思い」の存在に、私の胸中は波打っていた。思うように動かない指、音程のズレが聴き分けられない耳、違う、そんな単純な事だけじゃなくて——。密かに溜息をつきながら、体育館出口の扉を開ける。流れ込む冷気に身をすくませ、私達はECホールの前の開けた場所に足を踏み入れた。瞬間、身を包む静けさに、私の視線は無意識の内に空へと導かれる。漆黒の闇に浮かぶ上弦の月。差しのべた指にからまる温度の低い白金の光が、ゆっくりと私の「思い」を見透かして、入り込んでくる。それは泣きたくなる程優しくて、静かで——。

「月きれいだね――。」
友人のことばで、我に返る。再び歩き出した私の内で、「思い」は形を確実に変えていた。

これも学園生活の一コマです。作者は学内の弦楽アンサンブルの一員としてチェロを奏く学生。練習の場ではいろいろなことがあるのでしょう。文中の「思い」の語がそれを表現しようとして採用されたことばです。これが〈ひっかかり〉です。しかし、この語自体はほとんど何も表現していない、いわば叙述の上での〈欠落〉といってもいい。空欄のかわりに、仮に「思い」の語をセットして叙述を進めてみる、といった雰囲気です。「そんな単純な事だけじゃなくて――」も叙述の中断です。しかし、やがてその〈中断〉や〈欠落〉が力を発揮します。「静けさ」「月」「友人のことば」。これらによって〈欠落〉の周囲が埋められていくからです。埋められる語は「思い」には直結しない、いわば〈飛躍〉をセットすることばです。これによって読者は想像力を刺激されます。〈表現の周囲にただようもの〉へ目を向けるように導かれる。「思い」そのものは捉えられなくても、捉えられなかったという意識の痕跡が残ります。「思い」が読者との共同作業によって間接的に定義されていくといってもいい。終わりまで読んで、ふたたび始めにもどり、標題を読むと、こんどはその意味が読者を捉えてきます。

書き終わってから見えてくるもの

右の作品を例にしながら、標題と本文の作成上の順序について考えてみましょう。

この作品の場合、最後まで読み終わってはじめて題の意味が読者のこころに沁みいってくるようにできています。題が本文よりもあとから付けられたことをうかがわせます。本文を書いてきた作者自身も、最後に題を付けたとき、はじめて自分が何を書いたかを本当の意味で知ったのではないでしょうか。創造的文章には、そういうことがしばしば起こるものです。

――後日、作者が語ってくれたところによると、この作品は、はじめ与えられたテーマに沿い「学園の断片」を描写的に書こうとして、こころに浮かんでいたいくつかの〈断片〉をつなげていった。途中、自分でも何を書いているかわからなくなったけれども、最後まで書いてきて、「あ、Yさん（文中の「友人」）のことばで、私は救われたんだ」と思ったという。そこで、「救い」という題を付けた、とのこと。――

〈断片〉による創造の秘密を鮮やかに伝えることばです。作者は、書くことによって、自分でも気づかなかったストーリーを発見したのです（第7章　二〇八ページ参照）。

ここからもわかるように、標題をあとから付けるということは、真の意味での作品の完成なのです。作者自身が自分の創造を確認する場であるといってもよいでしょう（標題については第5章の「叙述の工夫が〈作品〉をつくる」の項でも触れたので参照してください。）

不思議な味わい

同じ門を入り、一日を過ごして、同じ門から出ていく。一律のように見える生活も、個々の人、場所、時、をとり上げれば、興味尽きないドラマを示してくれます。そういう生活の断片をすくい上げる一つの装置が、「学園の断片」（街の断片）というテーマです。

丸い木　　国文三年　南部有紀

友人が校舎へ続く道の途中
「私これを丸く刈れる人になりたい。」
と言った。映画「シザーハンズ」に影響を受けたらしい彼女の視線は、等間

> 隔に植えられている亀の甲羅みたいな丸い木々に向けられていた。今までその存在に心をとめなかった私は、「ふーん」と笑いつつも、それ以来あの小さな丸い木々が少々気になり出した。特に朝、私はその丸さを確かめるように、視線を連なる木の前から後ろへ滑らせていった。
> 　ある朝、その友人と校舎へ向かっている時、工事の音がしていた。おじさんが両手で機械を持って、あの丸い木をつくっているところだった。コンクリートに散らばった枝と葉と完成間近の丸い木を見ながら、私と友人はしばらく立ち尽くした。それは早く美しい光景だった。今ならあの日の友人のことばを大真面目に受け入れるだろう。そんな私の耳に、
> 「丸いなあ。」
> とうっとりする友人の声が届いた。

　最後の「丸いなあ。」という友人のことばへ至る、過不足のない叙述。人によっては、ほとんどナンセンスとして、とり上げることなど考えられないような生活の断片を、身の丈にあったフツーのことばで叙述して、読者をほのかな笑いの空気に包んでしまう作品です。「(視線を)滑らせていった」「丸い木をつくっている」(「整えて」とか「剪定して」でな

く)、あるいは「早く美しい光景」などの語句にもこの作品のふしぎな味わいを作る役割が託されています。すぐれた表現は語彙の豊富さによって実現するのではない、すくなくともそれは二次的なものだ、ということをこれらの表現は教えてくれます。

文体の幅

誰もが〈ひっかかり〉を意識しながら、なかなか表現しにくいもの。例えば——

> 常慶山末広稲荷様　　国文三年　加藤律子
>
> 大学で一番気になる物といったら、あれしかない。ダミーな森の中のしけた賽銭箱だ。そもそも奴を意識したのは入学試験の時だった。大雪でバスが遅れ、私は会場である七号棟へ足早に向かっていた。気配を感じふりむいたら、雪に埋もれたあいつがいたのだ。私の胸は躍った。「マニアックすぎる……。」もうそれしかなかった。人目につく場所にあって当然の物が、こんな目立たぬ所に配置されている。しかもなんてえらそうにしているんだぁ。

はっきりいって感動した。そう、私は偏屈者なのだ。試験のときは金も時間も惜しかったからお参りしなかったが、以来三年間、「おがみてぇ!!」という気持ちが消えた事はなかった。願わくば有志を募って、いや私一人でも奴とむかいあいたい。残念ながら、そのチャンスは滅多にないが……。しかし、気になる事がある。箱の中身はどう利用されるのか？　それがわからなければ、常慶山末広稲荷に五百円を入れてやることはできない。

愛知淑徳大学にはちっぽけな「稲荷」様が祀ってある。学内で過ごした者はだれでも知っている事実ですね。学園を開くために山林を開発したところ、そこに埋もれていたのが「常慶山末広稲荷」と彫られた石碑。以来、「ダミーな」自然林を思わせる一角を残してこの石碑を建て、小さな賽銭箱と灯籠、「由来」を記した立て札を配した。これがいま木漏れ日に透けて、学内でも貴重な「自然」として私たちを楽しませてくれています。

この誰でも知っているものをとり上げるのに、作者は少し照れているようです。そこで採用したのが、「男の子」の少し乱暴な口調。これは仲間内では女子学生がときどき採用しているものですね。「あれしかない」「奴」「もうそれしかなかった」「ダミーな」「しけた」「マニアックすぎる」「はっきりいって」「そう」「おがみてぇ」……等のことば。日常の仲間内の、そして公式の改まった場ではおそらく使わない、マイナーな語法を〈演技〉として採用した作品です。表現の領域を広げるような解放感をもたらして、「稲荷」を捉えたというよりは、対象に向き合う作者のこころ（感性）を捉えた作品になっています。

第9章 想像・夢想・他者——レッスン「もう一人の自分」

想像の視座に身を置いて「自分」を眺めてみましょう。それは「ことばで作る世界」の多様な可能性を示してくれると同時に、「自分」という現実を捉える客観的な目を一つ増やすことにもなります。

課　題：「もう一人の自分」（もう一人の私）というテーマで、六〇〇字の作品を作ってみよう。

方　法：①ある特定の他人の目に映る「自分」、あるいは鏡・夢・深層心理の中に存在する「自分」、遠い未来のある時期における「自分」……をとり上げて作品化する。

②自分を、性格・行動・外観・ことば・夢・心理・身体の一部……などに断片化し、その一断面を誇張して人格を与える方法によってもおもしろい。

③抽象的な自己分析の文章にしないで、具体的な〈場〉を設定して、そこでの行動を中心に描くようにする。

1　断片としての〈私〉

「〜とか」「〜たりして」の深い意味

最近若い人のことばに「ボカシことば」「あいまいことば」が増えているといわれます。「買い物とかしてきた」、「わたし的には」の類のいい方です。例の〝ことばの乱れ〟非難の一例としてとり上げる大人たちも多いようです。〝乱れ〟云々については、すでに（第6章で）述べたので触れないとしても、この「ボカシことば」「あいまいことば」なるものは、興味深い問題を含んでいるので、すこし触れておきましょう。

若い人が多く使うこの種のことばには、ほかにも「〜っぽい」「〜なんか」「〜たりして」「〜なんちゃって」「〜ちゃおうかな」などがあります。これらのことばの使われる心理は〈断定の回避〉といえます。

いったん「買い物」といっておいて「いや、買い物だけじゃなくて他のことでもいいんですよ」というニュアンスをこめる。「わたし」といっておいて「いや、敢えていえばわたしなんだけど、他の人も含めてもいい」というニュアンス。

パーティなどへ「先生をお誘いします」のかわりに「先生を誘ったりして」「……誘っちゃおうかな?」とくる。「……お誘いします、なーんちゃってね」というのもありますね。そうして、相手の反応を見る。このデリケートさは、基本的には、若い人たちの優しさからきていると、私は見ています。最終選択の余地を相手にも残しておく。まことに微妙な人間関係の言語化です。

そこまで神経質な人間関係を無視して〈自分〉を押し出すことに慣れている〝大人〟から見ると、「あいまい」「責任逃れ」、あるいは「ことばの乱れ」(第6章、一七二ページ参照)として非難したくなるというわけです。

たしかに、〈断定〉を積み重ねていけば、説得的になり、自信にみちて見えますね。でも若い人から見れば、そういう〝大人〟は丸太ん棒の神経を持った、押しの強い、イヤな人、と映っているのかもしれません。

孫悟空のように

ことばを発するとは、何らかの意味で、世界を切りとり、人間心理や思想を切りとり、断定していくことです。右に述べた若い人たちのことばの中には、〈断定する自分〉と〈断定をためらう自分〉が同時に存在するわけです。いったん〈断定〉と見せかけて、直ちに〈ためらい〉へ移行する。自分の〈多重化〉ですね。まるで孫悟空の仙術です。

孫悟空は手ごわい敵と戦うときに自分を複数に見せる術を持っています。呪文を唱えながら自分の体毛を抜いて息を吹きかけ空中に飛ばす。そのとたん、敵の前には八人の孫悟空が存在することになる。敵はどれを攻めたらいいのかわからなくなります。

この仙術は、ことばをやり取りする私たちの心理のメタファーとして読むことができます。文章を書くときには、〈作者〉は書き終わったとたんに、〈読者〉へ移行する。極端な場合には、一文ごとにこの両者の間を行き来しながら叙述を進めていきます。ちょうどお化粧をする人が、鏡の中の自分を他人の鋭い目で検分しながら、作業を進めるように。〈私〉の多重化はこんなところにも潜んでいるのです。

恋人と別れて帰ってきたあと、「あんなことを言わなければよかった」と考えて落ち込んだりする。これも〈私〉の多重化ですね。

そのほか、記憶の中に、思考の中に、夢の中にも、想像の中にも、「もう一人の自分」がいます。

他者の視点を加えれば、ある一人の男が、妻からは「あなた」と呼ばれ、こどもからは「お父さん」と呼ばれ、会社へいけば「課長」、近所では「〜さんちのご主人」……などと呼ばれる。私たちはそれらを役割のように使い分けている。それがみんな「私」なのです。孫悟空の八人どころのさわぎじゃない。ほとんど無限です。

断片の総体としての〈私〉

「もう一人の自分」とか、私の多重化と呼ぶと、なんとなく視覚化できるようで、理解しやすいけれども、現実には〈私〉が複数人いるわけではなく、〈私〉は一人です。実は多重化のように見えるその個々の姿の陰に〈私〉という人間は隠れてしまって、決して真の姿を現さないと見ることもできます。「あなた」と呼ばれ、「課長」と呼ばれ、そのつど相手に見えているのは、〈私〉の一断片にすぎない。相手が見ているのは〈断片としての私〉なのです。

相手だけではない。私の捉える「私」も一断片としての私なのです。〝今の〟私、〝友人と話しをしている〟私、〝記憶の中の〟私、……。

さらに〈私〉は、性格の中にも、行動の中にも、服装、表情、外観、ことば、深層心理……の中にもそれぞれ断片となってひそんでいます。

その〈断片〉の総体が、実は〈私〉なのです。

私自身にも、私の〈すべて〉は捉えられない。〈私〉は、その総体を捉えることのできない無限の〈断片〉の集積なのです。個々の断片をとり上げて、私たちはそれを「私」と名づけているだけで、総体としての〈私〉などだれも捉えることはできない。

ときに私たちは「自分がわからない」と感じることがありますね、これなどは、その間のズレを直感していることを示しています。

ふだんは一断片としての私を捉えて、総体としての〈私〉に代行させている。だから昨日と今日では、同じはずの私がガラリと変わっていたりして、本人も驚くことがある。

記憶や想像をも含めた、総体としての〈私〉は、ことばの中だけに措定された〈虚〉の存在なのです。私たちはそれをときに「主体」「人格」などと呼んだりしますが、実態としては、それは言語の中だけの存在なのです。

この意味で、「私」はことばで作られたもっとも身近で、もっとも短い〈作品〉と考えることができます（第1章の「〈作品〉の意識を持つ」の項参照）。

〈他人〉のことばでできている私

テレビドラマなどでよく見る場面。——すこしお酒を飲んだオトーサンがこどもたちにお説教している。「人生はな、重荷を負って山路を行くがごとし。おまえたちが考えているほど生やさしいものではないんだから。わかるか？」こどもたちは、と見ると、いつ茶の間から逃げ出そうかと、機をうかがっている——。

このオトーサンのことば、素朴ではありますが、これも典型的な文章表現なのですね。居酒屋の壁のカレンダーに書かれていた戦国武将か誰かのことばが、知らぬ間にインプットされていて、いまオトーサンの自己表現としてこどもたちに向けられている。ほとんど戯画的な情景ですけれども、実際には世の中でこれと同じことが無限に行われている。作品として発表される文章の中にも、右の武将のことばがプラトンに代わったり、シェイクスピアに代わったり、あるいは外国の〝高名な〟学者に代わったりするだけで、パターンは同じというものが多く見られます。

さらに、私たちもふり返ってみれば、これと同じことをしている。けさ新聞で読んだことば、電車の広告で見かけたことば、教師や母親から聞かされてきたことば、……出典が明確に意識されていないだけで、私たちは、誰かから吹き込まれたりどこかでインプットされたことばや考え方を、あたかも自分本来のことば、考え方であるかのように他人にむけて語っています。

私たちは他人のことば（考え方）を貯えているのです。自分本来の考え方と錯覚しているものの中にも、実は他人の考え方が忍び込んできています。こうして私たちは共同体とつながっていく。これは、言語習得の構造であると同時に、社会の中で個人のこころが育っていく構造でもあるのです。

文章を書こうとする人間は、このことを自覚していることが必要です。自分のことばは究極のところ〈他人のことば〉でできている。あなたがどんな文章を書こうとも、そこのことばは前もってすでに辞書の中に登録されているという事実。

こう考えてくると、本書で強調してきた「自分にしか書けないこと」の実現がなぜむつかしいか、がわかってきますね。

それは用語（使用する個々の単語）の問題ではないということです。「自分にしか書けないこと」はどのようにして実現するのでしょう。文章表現は万人に共通の単語と統語法（文法）を使ってなされる。その使い方の中に「自分にしか書けないこと」の可能性がわずかに（？）ひそんでいる。使い方とは、究極のところ〈組み合わせ〉なのです。

単語と単語の組み合わせ、語句と語句、文と文の組み合わせ、強いていえば〈断片〉と〈断片〉の組み合わせ——この中で私たちは「自分にしか書けないこと」を文章として実現していくのです。

2　日常からフィクションへ

主観の中の自分

自分をふと、他人のように見る、感じる。あるいは、他人の中にふと、自分を見てしまう。この自然な感覚から、作品「もう一人の自分」の胎動が始まります。日常の中に、あるいは日常からの地続きの場所に、すでに、このテーマは潜んでいます。学生たちの書きとめたメモや断片の中から、さまざまな発想の芽を拾ってみましょう。

○小さい頃私は心から自分が男の子に変われたら、と何回も思った。というよりいつか自分の心の中で強く願っていたら男になれると信じていた。

（英米一年　土井理恵子）

○着替えをすませてスニーカーのひもをぎゅっとしめると、鼓動が高まってくる。この格好だと、私本物のダンサーに見えるよね。
（言文三年　山口美由紀）

○蠅を見つけた。冬の蠅。愚鈍で寂しい小石。風が吹き、それに耐える姿が、また情けない。貧弱な足が小刻みに震えている。そこで呼吸する命、いのち。
（国文三年　石川美穂）

○じ、じ、じつはですね、私火星人なんです。ウソじゃないんです、本当なんです。先生だけにいうんです。他の人には内緒ですよ。私が来たころには源頼朝とかいう人が大きな顔をしていたような……。
（国文三年　和田衣波）

○私の中には死体が住んでいる。
（言文三年　松原千絵）

変身願望あり、ナルシシズムあり、違和感あり。ここに挙げたのは必ずしも「もう一人の自分」を前提にしたものでもなく、ふだんのトレーニング中の発想（断片）をも含んでいます。私たちは文章を書くとき、きわめて自然に「もう一人の自分」へ移行しているものです。そして、ときには奇妙な幻想に身を委ねる……。

ということは、なにも難しく考える必要はないようです。実際の作品を見てみましょう。

イメチェン!!

国文三年　上野しのぶ

大きな鏡の前の赤いイスに座る。まだ見習いの、私より一つ年下の金髪の男の子に、シャンプーで濡れた髪がやさしくとかれていく。美容室って、ある種の神秘的な空間だと思う。誰もがさ迷って新しい自分を探し出す場。「さあ、今日はどうする？　かなり伸びたね。」と、指名の美容師さんが鏡ごしに問いかけてくる。赤毛で、とれかかったパーマの私は、大きな鏡がやけに大きすぎて、心の裏側まで映し出されそう。脱ぎ捨ててしまいたい、目の前の自分。少しだけ意見を伝えて、あとはなるべく鏡を見ないようにして、(仕上がった時までとっておくの！)多大な期待を彼女に託しながら、その心とは裏腹に雑談をしたり、雑誌を読みふけるフリをする。

他のお客もいたので、待つこと二時間半。少しためらいながら前を見るとさっきまでとは違う、全然違う私がいる！　イメチェン成功!!　美容師さんが仕上げのヘアクリームやらをつけてアドバイスをしてくれている間、私は半分上の空で新しい自分にドキドキして、今まで持っていた古臭い思考と下に落ちた髪に別れを告げた。

次の日、通学の間、電車のガラスに映る自分を見て、「人って変われるんだ。」

と、もう一人の私というより、新鮮な私の存在にワクワクしていた矢先の出来事。友達におはよって言っても返事だけ……。あれれ!?

「ねえねえ、髪切ったんだよ。」

「そう？　気付かなかった。」

風船がしぼむような気持ちで、私は元の私に戻っていった。


特別に誇示するような技巧が使われているわけでもなく、日常の心理と行動を自然にことばの世界に構成しただけで、読みごたえのある「もう一人の自分」ができています。自分を〈他者〉として見る目が、作者の主観とうまく対置されているからです。

夢と想像の中に

夢は理性によって統御できない領域を含んでいます。荒唐無稽といって無視すれば別ですが、ここに「もう一人の自分」がいると考えれば、本人にとっても新鮮な自己発見の世界が広がります。

もう一人の自分　　　　英米一年　井上可奈子

目覚ましが鳴っている。起きる。寝る。また起きる。目覚ましを見てみる。うそだ。なんで。なんで、九時になっとるの。どうしよう。

お母さん、学校行ってくるで。行っちゃいかん。大学へ行かなくても就職はできるがね。私、短大に行っとるから、学費が高くても卒業しないかんの。学校より家庭が大事だで、せんたくに掃除に料理にウチのバカ犬の世話まで、みんなやってよ。学校サボれんて。やるの。やるの。やるの。わかったで私の耳引っぱらんでよ。

全部終わったで、休めるわ。お母さん、終わったよ。今から学校へ行くの。

四限がとっくに終わってるんだよ。学費をドブに捨てるつもりかね。わかった、行ってくる。

案の定、誰もおらんわ。帰ろう。お母さん、おったんだ。何言っとるの。今からムリヤリ授業やらせるって、できんよ。学費をドブに捨てるつもりかね。行こう、入口があるで。

お母さん、誰もおらんでしょ。帰ろう。何やっとるの。座り込みやっても誰も来ないよ。絶対に来る。お母さん、帰ろうよ。学費をドブに捨てるつもりかね。お母さんはわかってないね。お母さん、お母さん。

目覚ましが鳴っている。目覚ましを見てみる。うそだ、いや、本当だ。本当に七時を過ぎている。急いで階段を降りていく私だった。


若い人たちにとって、朝の眠りと目覚めのあわい、夢と現実のはざまにさまよう数分の快楽と苦痛は、だれしも日々経験していることでしょう。「もう一人の自分」の素材としても、多くの学生が採用しています。すでに起きている自分が、まだ寝ている自分をベッドの中に見る作品、まだ寝ている自分が、すでに起きていった自分を見ている作品……。

「文学作品」として見れば、奇想天外な構想でありながら、それらはみんな実にリアリティーに満ちています。自分の〈二重化〉は目覚めの一瞬にはほとんど現実に起きていると思わせるほどのリアリティーです。
ここに紹介した作品は、中でも特にすぐれた作品といえるでしょう。「学費をドブに捨てるつもりかね」とまくしたててくる「お母さん」の造形が圧倒的です。名古屋弁の持つすばらしいエネルギー、「 」を用いない会話の、〈自動記述〉を思わせるようなスピード感も魅力的です。

夢に題材をとった作品をもう一編紹介しておきましょう。

最期の記憶　　国文三年　岩瀬加奈

初めてあの夢を見たのは何時だったか。記憶が無いので見当もつかないが、もしかしたら赤ん坊の頃からかもしれない。もう一人の私の「最期の記憶」だと、ずっと信じているあの夢……。
冷たく乾いた世界に石の細い通路。生き物の気配が全くない死の世界で、唯一私だけが踊るように脈うつ心臓を持ち、熱い吐息を吐きながら全力疾走している。最初は何の為にだか分からないが、次第に記憶が蘇る。自分はわなにはめられた事、ここは出来たばかりのピラミッドの中だという事、そして……突然、静寂は破られた。轟音と共に道いっぱいに広がった巨大な石が、私めがけて突進してくる……私の命が消えようとしている事。そして私は生きようともがく。もがいて、走って、そして突然の喪失感と共に深い闇の中へ落ち……。

そこで目が覚める。ベッドの中の私は総毛立っていて、まるで今までの夢が現実だったかのような錯覚と、心臓の鼓動とを感じる。この夢は幼い頃、病気などで体が弱ると決まってあらわれた。あちら側に近づくと見るのかもしれない。大人になり、体も心も格段に強くなった今では見なくなってしまった。

彼女はきっと褐色の肌と亜麻色の髪とを持った少女に違いない。それが過去の私。あの夢は彼女の最期の記憶なのだ。ぽっかり開いた闇の中に落ち、今は私の中にいる。現実の私は彼女の見る夢、私の夢は彼女の現実。恐怖の末に少女は私の中で安らかに眠っている。穏やかな夢の中で、彼女は再び目覚めることはないだろう。

夢を枠にしながら、もう一方で輪廻・転生、あるいは変身譚をからませた複雑な構成になっています。単なる変身の物語では説得力の弱くなるところを、夢という枠に収めることで現実味が保たれています。私たちはどこから来てどこへ行くのか。作品の持つ、冷静で、すこし距離を置いた叙述の文体が、読者のこころに不思議な静けさを残します。

ことばでつくる作品世界《エンターテイメント》

この章のレッスンのテーマ「もう一人の自分」は、自己の他者化、客観視ということで、ともすれば心理学・精神科学の領域の問題に重点が置かれそうな傾きを持っています。それはそれで重要な視点ではあるのですが、そこだけに踏みとどまっていては創造の世界は狭まってしまいます。

次に紹介する二編は「もう一人の自分（私）」をまさにことば通りに受け止め、本来のテーマからすこし逸脱したところで創造された〈遊び〉の作品です。

もう一人の私

言文三年　間宮千華

思えばその時、私がいたその部屋も、まったく奇妙な場所でした。壁も天井も床も、とにかく真っ白で、四角い部屋でした。部屋、といっても、人が生活できるような匂いは全くありません。部屋、というよりは、箱、でした。そして、部屋の真ん中には、ちょうど私の腰あたりまでの高さをした、円柱形の白い台がありました。その上には、これまた白いスイッチと、マイクが備えつけてあります。そして私は、その奇妙な器具たちを目の前にして、白い、白い椅子に座っているのでした。

気が付くと、部屋の外から声がします。どこかで聞いたことがあるこの声。ああ、なんだ、いつも聞いているお母さんの声じゃないか。ホントにうるさいな。あれ、お父さんの声もする？　あれ、どんどん声が増えていくぞ。これは、わが親友、おみいの声じゃないか。何あんなに叫ぶようにしゃべってるんだよ。うるさいなあ。そう言えばなおも、ちまきの声も聞こえる。どうなってるんだ？　しっかしこんな大声で、みんな何を言ってるんだろう。もうちょっと静かにして欲しいな。あれ、声が、また増えていってる……？

まてよ、このマイクとスイッチは、外につながっているのかな。勝手に使ってもいいだろうか。まあでも誰も見ていないし、この部屋には私しかいないんだから。

「カチッ。」「ちょっと、静かにしてよ。」

声は予想通り、パタッと止んだ。後にはしんとした、静寂だけが残る。私は一人でほくそ笑んだ。

「もう、一人の私」～モウヒトリノワタシ～

――なーんちゃって。


「やられた！」という感じの作品です。書き出しの雰囲気と作品の結びの語調の大きな落差。時として学生たちの仕掛けてくるこのようなワナに引っかけられるのも、指導者というよりは読者としての私の大きなよろこびです。

失敗作　　国文三年　大河内美里

聖《ひじり》氏は興奮に震える指で、スタートボタンを押した。鬼畜の科学者と呼ばれ、学界を締め出された彼がついに完成させた、驚異の発明品の試行である。

数秒後、二つ並んだカプセルの一方に入った彼の頭上に、閃光が走り、もう一方のカプセルに人影が現れた。途端、彼は奇声と共にカプセルを飛び出し、隣のカプセルを開いて中の人物を引っぱり出す。それは、生命複製装置の完成を意味する、双子の様に瓜二つの新しい聖氏だった。

「さあ俺よ、誕生の感想はどうだ？」

嬉々として問う聖氏に、彼は意外にも沈鬱な面持ちで、

「ああ、俺は恐ろしい。君は生命を、その創造主たる神までをも、冒瀆したんだぞ。」

予想外の台詞に、みるみる聖氏の顔から笑みが消える。失敗だ、最大の課題である人格模写が成されず、とんだヒューマニストが誕生してしまった。

「君は間違ってる。こんな事は許されない事だ。」

「誰に？　神にか？　神は俺だ、俺こそが神なんだ!!」

聖氏が唾を吐き、この失敗作め、とつづけると彼は、悲しげに眉をよせた。そして、机の上のナイフを手に取ると自らの首すじに運ぶ。聖氏は慌てて止めに入った。

「待て、お前は貴重な失敗作《サンプル》だ、勝手な真似をするな。」

心臓にナイフをくわえ、転がっている聖氏の体。彼はそれをけとばし、微笑すると、血の付いた指を舐めた。

「世代交代ってやつだよ、オトーサン。」
聖氏の発明は、完璧だったのだ。

ほぼ六〇〇字の中に収められた複雑で目まぐるしい物語の展開。それを可能にした、簡潔で歯切れのよい文体。心理学的な主題から逃れているだけに、カラッとしたエンターテイメントの明るさが実現して、これにも「やられた！」という感じです。作者自身をモデルとしない（すなわち実生活に題材を求めない）、純然たるフィクション作品の面白さと可能性を示してくれる作品です。

第10章　文章の完成——方法としての〈断片〉

1　構成について

四〇〇字の中の構成

たった四〇〇字の文章に構成など考える必要があるのでしょうか、という質問をくりかえし耳にしてきました。結論からいえば、「四〇〇字を考える中に、あらゆる文章作品構成の原理がひそんでいる」ということになります。

次の作品を読んでみましょう。

メートル原器に関する引用

メートル原器は白金約九〇パーセント、イリジウム約一〇パーセントの合金でつくられており、その形状はトレスカ断面と呼ばれるX形に似た断面を持つ全長約一〇二センチの棒であって、この両端附近の中立面を一部楕円形にみがき、ここに各三本の平行な細線が刻んである。一メートルは、パリ郊外の国際度量衡局に保管されている国際メートル原器（一八八五年の地金製）が標準大気圧、摂氏零度で、五七二ミリ離れて平行に置かれた、直径が少なくとも一センチのローラーで均斉にささえられたときの、中央の目盛線の間の長さと定められていた。日本のメートル原器はこれと同時につくられたナンバー二二で、その長さは一九二〇年〜二二年に行われた定期比較で一メートルマイナス〇・七八ミクロンという値が与えられていたが、日本は一九六一年計量法を改正してメートルを光の波長で定義したので、メートル原器はその任務を終っている。

＊平凡社刊・世界大百科事典による

谷川俊太郎　詩集『定義』思潮社

散文詩集『定義』の冒頭に載っている作品です。『定義』は、散文の位置に徹底してとどまる文章を試み、そこに文体の美とポエジーを発見したユニークな詩集です。説明に徹する文体、描写に徹する文体、思索を紡ぐ文体、それらを作者自身が試みた、いわば哲学的思索のモデル集みたいな本（詩集）です。現象学の断片集としても読むことができるでしょう。

さて、「メートル原器に関する引用」の構成を見ましょう。この作品から読者が受け取る効果（おそらく作者の意図も）は、

①正確を期して緻密に進められる叙述をたどるスリルと快感［＝細部の魅力］

②「……が、日本は一九六一年計量法を改正して」以下を読むときに経験する意外性＝肩すかしの感覚［＝構成の魅力］

でしょう。本文の大半を占める周到な叙述が最後へきて一瞬のうちに徒労に帰する。科学技術の進歩といおうか、時代の流れといおうか、ほとんど無常感と呼んでもいいような空気がただよいます。「……が、日本は」を境にして叙述の方向が転換しているのですね。これが作品の構成です。

前半をA、後半をBとして、図示すると、

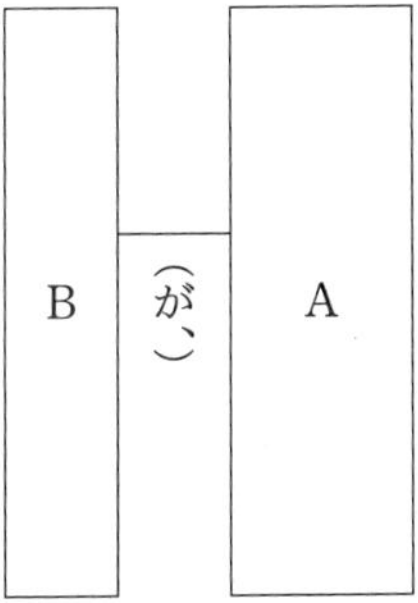

となります。この構成によって〈作品〉としてのドラマが成立したといえるでしょう。AとBの対比の中に生まれる効果。これが読者を、退屈さから救う、目覚めさせる、という文芸的な効果となるのです。

究極の引用

しかし谷川俊太郎さんの作品を引用したのは、ただ右のことを示すためだけではありません。標題にもあるように、この作品自体が「引用」なのですね。注によれば『世界大百科事典』からの。――そこのところを詳しく調べてみましょう。

メートルげんき　メートル原器　メートル法の基本単位メートルを定義し，その大きさを現実に示すためにつくられたものさし。メートル原器には国際メートル原器とメートル条約加盟国に配布されている各国メートル原器とがある。メートルの定義は1960年に光の波長を基準とすることに改められたが，国際メートル原器は，国際度量衡局に永久に保存されることになっており，また各国メートル原器の多くは依然その国の原器として用いられている。メートル原器は白金約90％，イリジウム約10％の合金でつくられており，その形状はX形に似た断面（トレスカ tresca 断面という）をもつ全長約102cmの棒であって，この両端付近の中立面を一部楕円形にみがき，ここに各3本の平行な細線が刻んである。1メートル（1m）は，パリ郊外の国際度量衡局に保管されている国際メートル原器№（1885年の地金製）が標準大気圧，0℃で，572mm離れて平行に置かれた，直径が少なくとも1cmのローラーで均斉にささえられたときの，中央の目盛線の間の長さと定められていた。またこの国際原器の膨張係数は $(8.6014+0.0018t)\times10^{-6}$，ただし，$t$ は原器の温度である。日本のメートル原器はこれと同時につくられたNo. 22で，その長さは1920～22年に行われた定期比較で1m－0.78μという値が与えられていた。日本は1961年計量法を改正してメートルを光の波長で定義したので，メートル原器はその任務を終っている。現在この日本メートル原器は通商産業省工業技術院計量研究所に保管されているが，1956年秋国際度量衡局に送られ，同局で研究された方法により目盛線が引き直されたほか，1mm間隔の目盛も入れ，標準温度を20℃とした標準尺となっている。
→度量衡　→単位

（玉野 光男・小泉 袈裟勝）

まず『世界大百科事典』の「メートル原器」の項を調べてみると、右のようになっています。

両者を対照してみると、驚くべきことがわかります。谷川作品は、ほとんど〈地の文〉が見当らないほど、引用の〈原文〉で埋め尽くされているという事実！　横書きを縦書きに直したことによる数字や単位などの表記の変更を別にすれば、本質的な意味で、谷川作品の〈地の文〉は終わりから二行目の「が」一語しか見当りません。それに付け加えれば、標題と注。

これほど極端な引用はほかに見当らないといってもよいでしょう。

しかし、その一語がすでに見たように、叙述の方向を転換する決定的な単語であるというところに意味があります。

かたちだけで見れば、あと一歩で盗作あるいは自己否定へ陥る、そのせとぎわのところで成り立っている作品です。しかしこれはあくまで谷川さんのオリジナルなのです（その証拠に、百科事典の出版社や執筆者から谷川さんへ抗議が出たという話は聞きません）。

さきにこの作品の効果（作者の意図）として二つのことを挙げておきましたが、実は作者の意図はもう一つ、

③引用はどこまで可能か、「究極の引用」を実践してみる［＝構成の実験］

というところにもあったのです。これは、問題提起であると同時に、ことば（文章）による〈遊び〉です。第9章で触れた「他人のことばでできている私」を暗示する寓意とみることもできます。多様なことを考えさせるところがすでに〝哲学的〟なのです。

引用とは、他人の文章を〈断片化〉してもとの文脈（ストーリー）から切り離し、自分の文章の中で新たな意味を与えることでしょう。

事実を伝える百科事典の記述が〈断片化〉され、その二つの断片が「が」によってつな

がれて、新たな文脈（文芸的・哲学的）を作り出す。この場合、さきに挙げた①②③、中でも②と③が、新たに創造された文脈です。

ここには〈断片〉による文章構成上の重要なヒントがひそんでいます。

レポートや論文の文章構成

百科事典の「メートル原器」の記述の全体を見ると、谷川作品への引用の際には切り捨てられた冒頭の十行余りの中にすでに、「メートルの定義は一九六〇年に光の波長を基準とすることに改められた」というくだりがあります。谷川作品はあえてここを避けて引用することによって作品の効果をあげているわけですね。レポート・論文と文芸作品の文章構成の原理の違いが、ここにはっきりと表れています。

レポートや論文（とくに自然科学系の）で最も重視される文章構成の原理は、

・結論を最初に述べる
・重要な情報ほど先に提示する

ということでしょう。伝達の能率を優先するわけです。

この百科事典の記述も、メートル原器とは何かを説明した直後に、付随する重要な情報として「光の波長による定義」という、メートル原器に対立する、しかも重要な、情報を提示しています。はじめの十行余り、ちょうど谷川作品に引用される直前までを読めば、「メートル原器」に関する最重要の情報を読者は受け取ることになるのです。これが現代のレポートや論文の文章構成原理です。

書き手の側に立てば、集めた情報（メモ・断片）の意味の軽重、すなわち何が一番重要で、何が枝葉なのかを、「事実」（実用）に即して誤りなく判断することが求められます。新聞の記事なども、この構成法によって作られています。

文芸的作品の構成

文芸作品の場合はどうでしょう。

「メートル原器に関する引用」が、百科事典の記述の最も重要な部分をあえて切り捨てて、〈細部〉の説明から始めていること、そして「光の波長による定義」を最後に提示していること、ここに文芸的な作品の文章構成法を見ることができます。

詩に限らず一般に文学作品は、ことば（文章）によるパフォーマンスです。その文章構成の原理は一筋縄では行かない複雑なものです。だからこそ面白味があるともいえます。

あえて一言でいえば、

・読者の受け取る効果を考えて、仕掛けを工夫する

ということになります。作品準備の段階で集めた〈メモ〉や〈断片〉を読者の受け取り方を勘案しながら構成していく、というのが方法といえば方法です。

歯切れのわるい話になりましたが、たとえば、百科事典の記述と谷川作品を比較してみるとき、同じ手持ちの情報（メモ・断片）から出発しても、これだけ大きな隔たりのある地点（効果）へ到着するという事実は確かめることができました。

構成とは、つきつめれば〈順序〉のこと

文章構成法などというと、建造物のような立体（三次元）をイメージしてしまいますが、文章は実は立体物ではありません。ことばの連続と考えれば、平面（二次元）でもなく、一本の糸のような線（一次元）に一番近いものです。

・文章には、始めがあり、終わりがある。その間はすべて途中である

というのが、文章（作品）の構造です。長い作品も短い作品もこの構造は同じです。多声部を持つ音楽のような同時進行も特殊な場合*を除いてあり得ません。ただひたすらに一方へ進む展開（時間）があるだけです。

それなのに文章の構造は建造物のような印象を与える。これは、ことばというものの不思議な力によります。私たちは日頃三次元の世界に生き、過去を持ち、未来を考える、という習慣を持っています。この意識の世界をことばとして並べようとするとき、〈構成〉が問題になるのです。三次元（あるいはそれ以上）のものを一次元の中にどのように並べるか。文章構成法とは、これに尽きます。

つまり文章の場合、構成とは〈順序〉のことなのです。

さきにみた百科事典の記述は「光の波長による定義」を先に提示し、谷川作品はそれを最後に示した。この順序の違いが構成の決定的な違いです。

＊　いわゆる掛詞や、複数の台詞が同時に進行する脚本、などに例外を見ることができます。

構成が作品を成立させる

他の四〇〇字程度の作品で、実例を見ておきましょう。

少年

少年はフェーン現象のため大火が多いことで知られる東北の町へ下車した。大きなざくろの実が八百屋の店先きに並んでいる季節であった。少年は二日間そこに居て、まっかに燃える空を期待したが何も起こらなかった。

少年は夜行列車で北陸の町へ移動した。蜃気楼の出る町であった。町は祭りで賑わっていて、路地の間から見える海は荒れていた。少年はまたそこで二日を過ごした。小さい木片の漂っている海上にはいかなる異変も起こるべくもなかった。

三日後少年は半島の名知らぬ小さい駅に降りた。石垣に挟まれた魚臭い道をまっすぐ行くと崖へ出た。海が展け、はっとする程美しい夕映えの空だった。それは少年が期待した火事よりも妖しく蜃気楼よりも不思議だった。少年はそこから跳んだ。少年は知らなかったが、その地方では自殺者の多いことで知られた場所であった。

井上靖『詩集 地中海』新潮社

「少年」の行動にそって単純に断片を並べ積み重ねたように見せながら、確実に〈順序〉が計算されています。もしも、結びの一文の内容を冒頭に置くとしましょう。提示される情報量は同じでも、作品は成立しなくなります。

音楽でも、芝居でも、最後の部分は重要ですね。文章作品も、読者のことを考えれば、そしてエンターテイメント性が高くなればなるほど、結びは重要です。短い作品の場合はとくにこれが当てはまります。

情報の提示される〈順序〉だけによって成立しているような作品を紹介しておきましょう。

死神の顔

ペルシアの年若い庭師が皇子にいった。

「わたしをお救いください！　今朝、死神に出会いました。わたしにいかめしい顔をしたのです。今夜、わたしは何としてもイスパハンにいきたいのです。」

　慈悲ぶかい皇子は彼に馬を数頭貸してやる。その日の午後、皇子は死神に会い、そこで尋ねる。

「どうして今朝、わたしの庭師にいかめしい顔をしてみせたのかね？」

「いかめしい顔だなんて、とんでもない」と答えが返ってくる。「驚いた顔をしたのですよ。なにせ今朝、イスパハンからずいぶん離れたところであの男に会ったもので。わしは今夜イスパハンであの男の命をもらうことになっていましてな。」

ホルヘ・ルイス・ボルヘス／アドルフォ・ビオイ＝カサレス
柳瀬尚紀訳『ボルヘス怪奇譚集』晶文社

　こうしてみると、読んで「おもしろい」という理由の大きな部分が、作品の構成、すなわち叙述の〈順序〉に負っていることがわかりますね。

　文章を書く側に立ったときには、あらかじめ書こうとすることを〈メモ〉（断片）として貯え、そのメモの全体を見渡しながら、情報として読者に提示していく〈順序〉を考える。ときには、図示してみる。これが〈構成〉の基本です。

その際、「起承転結」「序破急」「ソナタ形式」「まくらとおち」……等々、時間の中で展開する作品について昔から考えられてきた形式のモデルはそれなりに参考にはなるでしょう。

長い作品の〈章立て〉なども〈順序〉を基本とする同様の考え方でよいのです。

書こうとする作品（文章）の種類や傾向によって、ドラマ性を重視する順序にするか、「事実」や「意味」に即して重要なものから提示していくか、がおのずから決まってきます。

2 文章を書く生活

断片がなぜ意味を持つか——寓意について

【余話】

モーツァルトに「クラリネット五重奏曲」(K. 581) という作品がありますね。読者の中にもあの曲は好きだ、という人も多いと思います。私もこの曲が好きです。少しだけそのことを語らせてください。

若いときにこの曲を知ってから今日まで、頻繁にというほどではないけれども折りにふれて(最近では年に二、三回かな?)レコードで聴いてきました。長調の曲なのに、どこかすこし悲しいところがあって、たえず聴くにはつらい、けれども時に聴きたくなる——そんな曲です、私にとっては。

この曲のことを考えると、いつも浮かんでくる旋律がある。いわゆる楽譜の読めな

い私ですが、あるときミニスコアで確認してみたら、それは、上の図のようなところでした。第一楽章の（たぶん）主題と呼ばれる旋律の一部、それも目立たない経過句みたいな音の断片です。華やかなところはその直前に、そして直後にも、あるのに、両者に挟まれた時間にして五、六秒で通り過ぎてしまう地味な旋律。クラリネットが休止して、ふと聞こえてくる弦楽のパート。それが、くり返しこころによみがえってくるのです。

　この旋律を口ずさむ（こころの中で歌う？）とき、私は不思議なやすらぎに満たされます。《町中でひっそりと、穏やかなやさしさに満たされて生きて在る人生》というものがどこかにあるとするならば、この旋律は、それを代弁してくれている——と、そんな気がするのです。

　もちろんこのことはモーツァルトのあずかり知らぬところです。二〇〇年ののちに自分の音楽の断片がそのようなよみがえりかた（？）をしていいようなどとは。——

〈断片〉がなぜ意味を持つかを語らなければなりません。具体的なものの小さな破片なのに、それがやがて私たちの意識の中である大きな〈全体〉と呼んでもいいようなものを暗示する力を持つことがある、ということをいいたかったのです。

＊

他人の書いた小説の中にふと見つけた一節（断片）に、私たちは、自分の人生を（経験を、記憶を、未来を）投影して読んでいることがあります。それが共感ということでしょう。その時、〈断片〉は、本来のストーリーから切り離されて、読者の人生の寓意《アレゴリー》としての新たなストーリーを表現しはじめるのです。

あるいは、書かれたものは断片的な小さな作品なのに、読みかえすたびに、新たな意味を伝えてくる、ということもあります。

一方、文章を書くときにも、ふと思いつきとして浮かんだ〈断片〉が、その時点では本人も気づいていないような大きな全体（ストーリー）を、すでに暗示していることがあります。〈メモ〉の間に隠れているストーリーを発見し、明瞭にしていくのが文章を書くということでしょう。

夢とか記憶とか、まだ論理的に整理されていない段階にある〈断片〉には、とくに日常の惰性に流れる思考をうちくだき、新たな可能性としての思考の行き先を示してくれることも多いのです。

〈断片〉は具体的で小さいものですが、それを持ち運び、反芻して味わえば、一種の寓意として、新たな意味を持って生まれ変わってくる力を秘めています。

この生命力が〈断片〉の持つ創造的な意味です。

一回読めば終わり、でない文章。私たちの書く文章も、できればそうありたいものです。

――モーツァルトの五、六秒で過ぎてしまう断片のように。

断片的思考の強み

講義の全体を通じて私は学生たちに「立派なことを書こうとするな」「偉そうなことをいおうとするな」といいつづけてきました。自分の目で捉えること、自分の感性で捉えること――身のまわりの物のかたちや光、陰、人のこころやことばのわずかな揺らぎ、木々のたたずまいや空の静寂。手に鉛筆を持ってそれらを自分のことばとして紙に書きとめてみること。文章を書くという作業は、まずそこからはじまる、と。

断片的思考とは、まず目の前に展開する世界の〈細部〉へ目を向け、それと〈私〉との関係を〈ことば〉によって作っていくことです。ここに発見があるのです。

はじめに論理あり、とか、はじめに体系あり、とか、はじめに知識あり、という参加のしかたとは対極の思想です。

〈断片〉の方法による文章は、体系的思考法から見れば、欠落があり、中断があり、飛躍、逸脱、みちくさ、徒労、をいたるところに指摘できることでしょう。

しかし、その空白こそ、断片的思考の強みです。〈断片〉は、組み替えが可能なのです。欠落や飛躍をエネルギーにして、読者の参加を誘い、新たな命を得、力を得て、まだだれも知らない目の前の世界の意味を、やがて私たちに示唆してくれることでしょう。

書かれたことばと書かれないことば

文章講座などで指導者の添削を受けるということが行われます。受講者の方にも添削を受ければ自分の作品がよくなるとの期待があるわけです。

添削とは、書かれた文章の欠点や誤りを、他人が指摘して手を加えることですね。目の前で直されたり、朱筆が入ったものを返してもらうわけですから、自分でも納得がいき、作品もよくなったように見えます。

しかし他人は、書かれたことばの欠点を見つけることができるだけです。あらかじめ模範解答のようなものを指導者がひそかに持っていて、それに照らして評価する場合を除いては、書かれていないことばを見つけることはできません。本来書かれなければならなかったのに書かれていないことばを見つけることは、他人にはほとんど不可能です。

ここに添削の限界があります。

書かれた文章の、他人にも見えるような欠点はたかが知れています。誤字、脱字、てにをは、語法、むだなことば、……国語の教師が指摘できるようなことですね。類型的な文章は別として、創造的な文章にとって他人による添削などほとんど無力なのです。

私は学生たちにいいます。「書かれたことばや文について多少の意見をいうことはぼくにもできる。けれどもほんとうに書かれなければならないことを見つけるのは、あなたですよ。それはぼくには見えないんだからね」と。

論理的と感性的——正確さについて

文章は正確に書かなければならない。誰でも考えることですが、〈正確さ〉の中身は実は人によってさまざまです。

一般には、

①事実を伝えているか
②論理に矛盾がないか

が問題になります。たしかにこの二つを満たしていれば、おおかたの納得は得られるというものです。

しかし、これで〈よい文章〉が書けるという保証はないのです。「誤りさえなければよい」という姿勢では、本書の第1章で否定的に触れた「平凡な文章」（一九ページ）の条件をクリアしているだけです。

文章の〈正確さ〉にはもう一つ、

③作者が表現しようとしたことが十分に言語化されているか

という問題があるのです。

①と②は他人でも指摘することが可能です。しかし③は作者にしかわからない。したがって作者が自分で努力し、クリアする以外にない。作者が比喩やメタファーに多大なエネルギーを注ぐのも、文章の装飾の問題ではなく、この〈正確さ〉を求めてのことです。

文章を書くときに求められる〈正確さ〉には、意味を伝える正確さのほかに、感性や印象を伝える正確さがあります。表現に際して、もっとも鋭く問われるのは、じつはこの③なのです。作者が苦労するのも、また達成感を経験するのも、ここです。

「自分にしか書けないことを、だれにもわかるように書く」ことによって実現する〈よい文章〉は、この③の条件をクリアすることの上に成り立ちます。

ジャンルを超えた〈文章そのもの〉を見る目

文章表現の方法と理論化に長年たずさわってきて、ある時から私は文章を正しく評価できる目の必要を感じてきました。文章を文章そのものとして見る目——の獲得が、すぐれた文章表現への第一歩だと気づいたのです。

文章を文章として見る目とは何でしょうか。

一枚の絵がすぐれているかどうかは、そこに何が描かれているかには直接関係ない。描かれている花の名とか、花瓶の由来とか、人物は誰なのか、とは無関係に、すぐれた絵や美しい絵は成立します。抽象画と呼ばれるものが成り立つのもその証拠ですね。これは、人々が「絵を絵として見る目」を持っているからです。絵は色と形によって成り立ちます。他の夾雑物を排除して絵そのものを見ることができるようになるまでには、相当の訓練が必要です。それが昔ふうのいい方をすれば教養ということかもしれません。

音楽も、一部の標題音楽や歌曲を除けば、その評価は、何を表しているかにはよりません。クラシックでもジャズでも、音楽の本質は、意味ではなく、音とリズムと和音のつくる快感です。それが何を表しているかを、ことばに置き換えることはできません。音の効果は人によって受け取り方が違うし、ことばに置き換えることができないからこそ、音楽という（ことばとは別の）表現を採用しているのだともいえます。「交響曲第40番ト短調(K. 550)」などという通称を人々がかたくなに守っているのは、夾雑物を排除して音楽そのものに耳を傾けようとしているからにほかなりません。

芸術表現では、ことばの介入を排除することに、重要な意味があります。

文章の場合はどうでしょうか。ことばは夾雑物とはいえません。文章はことばによって成り立つからです。

では文章を見る目はなぜ曇るか。倫理的な見方、概念的把握、など、すでにその一端を指摘してきました。でも文章を純粋に文章として見ることを妨げるものがもう一つあります。それはジャンルです。人々はジャンルを前提として文章を見てしまう。

文章を話題にする、あるいは、文章を書くというとき、つねに受ける質問は「それは小説ですか、エッセイですか」とか「詩ですか」「論文ですか」というものです。

文章表現に、文字どおり文章表現として、とり組むとき、夾雑物は私たちの頭に前提としてあるジャンルの概念です。これによって、すぐれた文章表現のいくつかを、私たちは見落としたり、不当に排除したりするのです。

夾雑物を排除した文章表現そのものを見る目にたえる文章とは、

――読む側からいえば、ジャンルと関係なく、読んで楽しめる文章、読んで思わず引き込まれる何かをもっている文章、ことばそのものの表現力を示している文章。

――書く側からいえば、書いているうちに夢中になり、こころのうちに設定した理想の読者のまえでの、ことばによるパフォーマンスを成就している文章。たとえ断片であっても、その作者にとって一回限りの至福の一瞬がことばの羅列の中に実現しているような、そういう文章。

これを見抜き、楽しむこと（願わくは自分でも作ること）が、文章を文章として見る日を持つということです。

〈純文章〉

もう二十年ほど前になりますが、愛知県の小牧工業高校で、私は同僚の国語教師（清水良典、服部左右一、松川由博の各氏）とともに文章表現の実践と共同討議による理論化を始めたのでした。その過程で、ジャンルを超えたあらゆる文章の基本にある表現方法についてくり返し議論をしました。その成果がのちに四人の共著『新作文宣言』（ちくま学芸文庫）に結実したのでした。その最終章でジャンルを超えて文章を文章として考える思想を〈純粋文章〉と私たちは名づけました。でもこのことばはまだぴったり来ないというのが四人の偽わらざる実感でした。

それから歳月が過ぎ、松川さんが亡くなり、清水さんは文芸評論家としても知られるようになり、……といろいろなことがあった後の一九九九年十二月、愛知淑徳短大の文芸学科準備室前の廊下で、清水さんから、「梅田さん、いいことばを思いついたよ」と語りかけられたのが、私と清水さんとの間で〈純文章〉という語が話された最初でした。

いま当時の手帖を出して調べてみると、十二月十七日（木）の項に、

〈純文章〉ということばを清水さんから聞く。『新作文宣言』の純粋文章と、ほぼ同義。

――〝文章を文章として読んで楽しめる文章〟（梅田の定義～仮の）

と記しています。数日後、服部さんに会ったときにも、このことばを文章表現を語る場で定着させていこう、と話し合ったことを覚えています。

文章は、意識的に行われるもっとも高度な思索の場、であり、その成果。――それを不用意にも、ジャンルという既成の枠に閉じ込めてしまうのは、文章というものの生まれてくる現場にそぐわない。もっと生成の生き生きした現場を保存すべきだ。さらに、そういう現場の保存を目標とする文章作品があってもいい――これが〈純文章〉の思想です。

それは〈断片〉ということを重視しながらすすめてきた文章表現の講義で、私が学生や受講者に試みてもらいたいと願ってきた作品の根拠でもあるのです。

世界には、そういう作品が、ジャンルの外《そと》に、たくさんあります。「手記」「手帖」「ノート」「カイエ」ときには「断章」「日記」……などと、公刊の際には便宜上〈名づけ〉が行われることがありますが、これらはまさに文章そのものなのです。

いったん〈純文章〉の視点を獲得すれば、小説や評論の中にも〈純文章〉を見つけられるし、またそういう目でこれらの作品を読むことができるようになります。

詩とか、小説とか、論文とか、そういうことの前に、まず〈純文章〉として、作品（文章）を見る目を持ってください。自分の作品についても、他人の作品についても。――これがあなたの文章表現力を伸ばす原動力になります。鑑賞者としては、高名な作家の文章も、新聞の投稿欄の文章も、プロの文章も、学生の文章も、こどもの文章も、ジャンルの異なる作品を同じ地平の上で楽しむことができるようになります。

書くことの孤独について

文章を書く行為は孤独なものです。本書でも、書くことの楽しみについてはそれなりに触れてきましたが、楽しみやよろこびを含めて、書くという行為は孤独なものです。

自分の書いたことが他の人に理解され、受け入れられるよろこび。人は文章表現の現場にある限り、この生きて在ることのよろこびを一方の端に予定しながらも、反対側では孤独なものです。この孤独を楽しむ人間が、文章を書く、と言ってもいい。

また、文章を書いて発表するからには、読者がどのように読もうとも、作者としては、それをひとまず受け入れなければならない。読者はかならずしもこちらの意図したとおりに読んでくれるとはかぎりません。文章を書いて発表するときには、そういう意味で、あらかじめ〈傷つく覚悟〉が要るのです。むかしから書く人間はそのようにしてきました。だれでも書ける現代でも、この事実は変わりません。

しかし、書くという人間の行為はつづく。人が生きていくとき、孤独や覚悟はつきものです。文章を書くという行為は、それを一層鮮明に意識させてくれるだけに、こころの通じあう〈よろこび〉も一回り大きくなって返ってくるからです。そのことを期待して、人は自分の人生の断片を〈文章〉という形あるものにして、残すのです。

——これで私の講義を終わります。

あとがき

本書は、創造的な文章表現を実現するための講義と、それにもとづく四〇〇字〜六〇〇字のレッスン（実作）によって構成されています。

＊

文章はことばによって作られます。ことばとはどんなものか。ことばは私たちの精神をどのように支配しているか。それを考えることは、創造的文章表現をめざすうえで重要な意味を持つでしょう。

人は「考える」ときにも、ことばを使います。従来、学校の国語教育では「話す」「聞く」「書く」「読む」をもってことばの四領域としてきましたが、ことばはそれ以前に私たちの「考える」という行為を受け持っています。

文章を書くという行為は「考える」ことの連続です。

この「考える」という意識のはたらきは、ことばと不可分の〈断片〉として、私たちの内部に生起して来ます。思考の断片、すなわちことばの断片なのです。

本書の中で、〈断片〉がキーワードのようになっているわけはここにあります。

創造的な文章表現にとって、思考の〈断片〉とことばの〈断片〉はどのような意味を持つか。

レッスンの章では実際にテーマを設けて、作品を作ることに重点を置きました。その過程で、

・ことばはどんなふうに私たちの書くという行為を支配するものであるか
・ことばを自由に駆使するにはどうしたらよいか

を経験的に学んでもらうことを意図しました。

レッスンの配列は、「考える」という行為を細分化して「思い出す」(記憶)、「観察する」(認知)、「想像する」(推理・連想)……などとして深めつつ、書き手が自分の思考をことばの〈断片〉としてとらえて文章創造に生かす経験を積み重ねられるようにしました。

*

本書には、文例として学生たちの多様な作品を載せることができました。教室での、彼ら彼女らのひたむきなとり組みとその成果であるこれらの作品は、私にとっても、そこで得たこころの交流とともに、大きなよろこびでした。よい文章を書こうとする人々と語るよろこび。よい文章を読むよろこび。よい文章が生み出されたことを知るよろこび。——これらの作品に鼓舞されなかったら、本書はできなかったといっても過言ではないでしょう。

実際には、収録した作者以外にもすぐれた作品が多くあり、その中からより典型的な文例を選ぶのに、うれしい苦労をしました。

引用に際しては、該当者全員に手紙を出して許可を得ました。メモや断片という、作者に対しては失礼な切り取り方をしたものを含めて、「なぜこれなの?」という疑問をのり越え全員がOKをくれたことに感謝します。

本文中でも触れましたが、たとえ教室の中でつくられた断片的な作品(メモ)でも、作者名を実名で添えることを私は重く見ました。作者への敬意を表したかったこと、その場その場の発想と創造を〈作品〉として正当に扱いたかったこと、そしてあの教室の臨場感を多少なりとも伝えられたらと願ったこと、が主な理由です。

＊

一九八〇年代のはじめに愛知県の小牧工業高校で当時同僚の国語教師（清水良典さん、服部左右一さん、故松川由博さん）とともに文章表現の実践と研究を始めてから、今日まで、多くの人々の文章創造の現場に立ち会ってきました。高校・大学はもちろんのこと、その一方では、岐阜県各務原市、愛知県小牧市、東京都国立市の各公民館が主催する市民講座等にも招かれ、「万人のための文章表現」について考える機会を与えられました。

こんにち私のノートの中に見えかくれする文章表現の理論は、共同研究とあわせて、これらの場でさまざまな現実の問題にぶつかる過程でかたち作られてきたものです。

そんな私があるときから手さぐりで追究しはじめた「文章表現における断片の価値」という考え方に、思想史的な観点からも、いち早く注目し、評価してくれたのが、筑摩書房編集部の熊沢敏之さんでした。『高校生のための文章読本』以来ときどき語り合う機会のあった熊沢さんは、私の文章表現論の中核を〈断片論〉と名づけ、やがて「ちくま学芸文庫」の一冊としてまとめることを勧めてくれたのでした。

同じ時期、編集部の坂本裕美さんも、私のめざすところに共感し、ふとした会話の中などで、重要なヒントを与えてくれました。

執筆に一年余を要しました。その間、勤務や日常の雑事のかたわら、まことに充実した思索の時を過ごすことができました。

本にする段階では、さらに学芸文庫編集長の渡辺英明さん、同編集部の大山悦子さんのお世話になりました。大山さんには、『新作文宣言』につづき再びさまざまの手助けとアイディアをいただきました。

厚くお礼申し上げます。

*

文章表現を教えていると、ときに学生から「先生はどのような作品を書かれるのでしょうか」という、やさしくも鋭い質問を受けることがあります。文芸的作品は別として、ひとまずは、一年間を一冊の書物に擬して展開してきた講義内容を、ささやかながらもこのような〈作品〉として提示できることを、よろこびたいと思います。

二〇〇〇年　晩秋

梅田卓夫

✣わ

❖な

❖は

❖ま

❖や

❖ら

引用作品作者名索引

✣あ

✣か

✣さ

✣た

本書は「ちくま学芸文庫」のために書下ろされたものである。

てつがくを着て、まちを歩こう　鷲田清一

規範から解き放たれ、目まぐるしく変遷するモードの世界に、常に変わらぬ肯定的眼差しを送りつづけてきた著者の軽やかなファッション考現学。

英文翻訳術　安西徹雄

大学受験生から翻訳家志望者まで。達意の訳文で知られる著者が、文法事項を的確に押さえ、短文を読みときながら伝授する、英文翻訳のコツ。

英語の発想　安西徹雄

直訳から意訳への変換ポイントは、根本的な発想の転換にこそ求められる。英語と日本語の感じ方、認識パターンの違いを明らかにする翻訳読本。

英文読解術　安西徹雄

単なる英文解釈から抜け出すコツとは？　名コラムニストの作品をテキストに、読解の具体的な秘訣と要点を懇切詳細に教授する、力のつく一冊。

〈英文法〉を考える　池上嘉彦

文法を身につけることとコミュニケーションのレベルでの正しい運用の間のミッシング・リンクを、認知言語学の視点から繋ぐ。（西村義樹）

日本語と日本語論　池上嘉彦

認知言語学の第一人者が洞察する、日本語の本質。既存の日本語論のあり方を整理し、言語類型論の立場から再検討する。（野村益寛）

文章表現　四〇〇字からのレッスン　梅田卓夫

誰が読んでもわかりやすいが自分にしか書けない、そんな文章を書こう。発想を形にする方法、〈メモ〉の利用法、体験的に作品を作り上げる表現の実践書。

反対尋問　フランシス・ウェルマン　梅田昌志郎訳

完璧に見える主張をどう切り崩すか。名弁護士らが用いた技術をあますことなく紹介し、多くの法律家に影響を与えた古典的名著。（平野龍一／高野隆）

論証のルールブック〔第5版〕　アンソニー・ウェストン　古草秀子訳

論理的に考え、書き、発表し、議論する。そのための最短ルートはマニュアルでなく、守るべきルールを理解すること。全米ロングセラー入門書最新版！

古代日本語文法　小田勝

現代語文法の枠組みを通して古代語文法を解説。中古和文を中心に、本書には古典文を読み解くために必要不可欠な知識が網羅されている。学習者必携。

概説文語文法 改訂版　亀井孝

傑出した国語学者であった著者が、たんに作品解釈のためだけではない「教養としての文法」を説く。国文法を学ぶ意義を再認識させる書。（屋名池誠）

レポートの組み立て方　木下是雄

正しいレポートを作るにはどうすべきか。『理科系の作文技術』で話題を呼んだ著者が、豊富な具体例をもとに、そのノウハウをわかりやすく説く。

中国語はじめの一歩〔新版〕　木村英樹

発音や文法の初歩から、中国語の背景にあるものの考え方や対人観・世界観まで、身近なエピソードとともに解説。楽しく学べる中国語入門。

深く「読む」技術　今野雅方

「点が取れる」ことと「読める」ことは、実はまったく別。ではどうすれば「読める」のか？ 読解力を培い自分で考える力を磨くための徹底訓練講座。

議論入門　香西秀信

議論で相手を納得させるには5つの「型」さえ押さえればいい。豊富な実例と確かな修辞学的知見をもとに、論証や反論に説得力を持たせる論法を伝授！

どうして英語が使えない？　酒井邦秀

『でる単』と『700選』で大学には合格した。でも、少しも英語ができるようにならなかった「あなた」へ。学校英語の害毒を洗い流すための処方箋。

快読100万語！ ペーパーバックへの道　酒井邦秀

辞書はひかない！ わからない語はとばす！ すぐ読めるやさしい本をたくさん読めば、ホンモノの英語が自然に身につく。奇跡をよぶ実践講座。

さよなら英文法！ 多読が育てる英語力　酒井邦秀

「努力」も「根性」もいりません。愉しく読むうちに豊かな実りがあなたにも。人工的な「日本英語」を棄て真の英語力を身につけるためのすべてがここに！

さらば学校英語
実践翻訳の技術　別宮貞徳

英文の意味を的確に理解し、センスのいい日本語に翻訳するコツは？　日本人が陥る誤訳の罠は？　達人ベック先生が技の真髄を伝授する実践講座。

裏返し文章講座　別宮貞徳

翻訳批評で名高いベック氏ならではの文章読本。翻訳文を素材に、ヘンな文章、意味不明の言い回しを一刀両断、明晰な文章を書くコツを伝授する。

漢文入門　前野直彬

漢文読解のポイントは「訓読」にあり！　その方法はいかにして確立されたか、歴史も踏まえつつ漢文を読むための基礎知識を伝授。（齋藤希史）

精講漢文　前野直彬

往年の名参考書が文庫に！　文法の基礎だけでなく、中国の歴史・思想や日本の漢文学をも解説。漢字文化の多様な知識が身につく名著。（堀川貴司）

改訂増補
古文解釈のための国文法入門　松尾聰

助詞・助動詞・敬語等、豊富な用例をもとに語意を吟味しつつ、正確な古文解釈に必要な知識を詳述。多くの学習者に支持された名参考書。（小田勝）

考える英文法　吉川美夫

知識ではなく理解こそが英文法学習の要諦だ。簡明な解説と豊富な例題を通して英文法の仕組みを血肉化させていくロングセラー参考書。（斎藤兆史）

わたしの外国語学習法　ロンブ・カトー　米原万里訳

16ヵ国語を独学で身につけた著者が明かす語学学習の秘訣。特殊な才能がなくても外国語は必ず習得できる！　という楽天主義に感染させてくれる。

英語類義語活用辞典　最所フミ編著

類義語・同意語・反意語の正しい使い分けが豊富な例文から理解できる定評ある辞典。学生や教師・英語表現の実務家の必携書。（加島祥造）

日英語表現辞典　最所フミ編著

日本人が誤解しやすいもの、英語理解のカギになるもの、まぎらわしい同義語、日本語の伝統的な表現・慣用句・俗語を挙げ、詳細に解説。（加島祥造）

言海　大槻文彦
統率された精確な語釈、味わい深い用例、明治の刊行以来昭和まで最もポピュラーで多くの作家に愛された辞書『言海』が文庫で。（武藤康史）

名指導書で読む 筑摩書房 なつかしの高校国語　筑摩書房編集部編
名だたる文学者による編纂・解説で長らく学校現場で愛された幻の国語教材。教室で親しんだ名作と、珠玉の論考からなる傑作選が遂に復活！

柳田国男を読む　赤坂憲雄
稲作・常民・祖霊のいわゆる「柳田民俗学」の向こう側にこそ、その思想の豊かさと可能性があった。テクストを徹底的に読み込んだ、柳田論の決定版。

夜這いの民俗学・夜這いの性愛論　赤松啓介
筆おろし、若衆入り、水揚げ……。古来、日本人は性に対し大らかだった。在野の学者が集めた、柳田が切り捨てた性民俗の実像。（上野千鶴子）

差別の民俗学　赤松啓介
人間存在の病巣〈差別〉。実地調査を通して、その実態・深層構造を詳らかにし、根源的解消を企図した赤松民俗学のひとつの到達点。（赤坂憲雄）

非常民の民俗文化　赤松啓介
柳田民俗学による「常民」概念を逆説的な梃子として、「非常民」こそが人間であることを宣言した、赤松民俗学最高の到達点。（阿部謹也）

日本の昔話（上）　稲田浩二編
神々が人界をめぐり鶴女房が飛来する語りの世界。はるかな時をこえて育まれた各地の昔話の集大成。上巻は「桃太郎」などのむかしがたり103話を収録。

日本の昔話（下）　稲田浩二編
ほんの少し前まで、昔話は幼な子が人生の最初に楽しむ文芸だった。下巻には「かちかち山」など動物昔話29話、笑い話123話、形式話7話を収録。

増補 死者の救済史　池上良正
未練を残しこの世を去った者に、日本人はどう向き合ってきたか。民衆宗教史の視点からその宗教観・死生観を問い直す。「靖国信仰の個人性」を増補。

神話学入門　大林太良

神話研究の系譜を辿りつつ、民族・文化との関係を解明し、解釈に関する幾つもの視点、神話の分類、類話の分布などについても詳述する。（山田仁史）

アイヌ歳時記　萱野茂

アイヌ文化とはどのようなものか。その四季の暮らしをたどりながら、食文化、習俗、神話・伝承、世界観などを幅広く紹介する。（北原次郎太）

異人論　小松和彦

「異人殺し」のフォークロアの解析を通し、隠蔽され続けてきた日本文化の「闇」の領野を透視する。新しい民俗学誕生を告げる書。（中沢新一）

聴耳草紙　佐々木喜善

昔話発掘の先駆者として「日本のグリム」とも呼ばれる著者の代表作。故郷・遠野の昔話を語り口を生かして綴った一八三篇。（益田勝実／石井正己）

民間信仰　桜井徳太郎

民衆の日常生活に息づく信仰現象や怪異の正体とは？　柳田門下最後の民俗学者が、日本人の暮らしの奥に潜むものを生き生きと活写。（岩本通弥）

差別語からはいる言語学入門　田中克彦

サベツと呼ばれる現象をきっかけに、ことばというものの本質をするどく追究。誰もが生きやすい社会を構築するための、言語学入門！（礫川全次）

汚穢と禁忌　メアリ・ダグラス　塚本利明訳

穢れや不浄を通し、秩序や無秩序、存在と非存在、生と死などの構造を解明。その文化のもつ体系的宇宙観に丹念に迫る古典的名著。（中沢新一）

宗教以前　高取正男　橋本峰雄

日本人の魂の救済はいかにして実現されうるのか。民俗の古層を訪ね、今日的な宗教のあり方を指し示す、幻の名著。（阿満利麿）

日本的思考の原型　高取正男

何気なく守っている習俗習慣には、近代以前の暮らしに根を持つものも多い。われわれの無意識の感覚から、日本人の心の歴史を読みとく。（阿満利麿）

日本伝説集　高木敏雄

全国から集められた伝説より二五〇篇を精選。民話のほぼ全ての形式と種類を備えた決定版。日本人の原風景がここにある。（香月洋一郎）

人身御供論　高木敏雄

人身供犠は、史実として日本に存在したのか。民俗学草創期に先駆的業績を残した著者の、表題作他全13篇を収録した比較神話・伝説論集。（山田仁史）

儀礼の過程　ヴィクター・W・ターナー　冨倉光雄訳

社会集団内で宗教儀礼が果たす意味と機能を明らかにし、コムニタスという概念で歴史・社会・文化の諸現象の理解を試みた人類学の名著。（福島真人）

日本の神話　筑紫申真

八百万の神はもとは一つだった!? 天皇家統治のために創り上げられた記紀神話を、元の地方神話に解体すると、本当の神の姿が見えてくる。（金沢英之）

河童の日本史　中村禎里

ぬめり、水かき、悪戯にキュウリ。異色の生物学者が、時代ごと地域ごとの民間伝承や古典文献を精査。〈実証分析的〉妖怪学。（小松和彦）

ヴードゥーの神々　ゾラ・ニール・ハーストン　常田景子訳

20世紀前半、黒人女性学者がカリブ海宗教研究の旅に出る。秘儀、愛の女神、ゾンビ――学術調査と口承文学を往還する異色の民族誌。（今福龍太）

初版　金枝篇（上）　J・G・フレイザー　吉川信訳

人類の多様な宗教的想像力が生み出した多様な事例を収集し、その普遍的説明を試みた社会人類学最大の古典。膨大な註を含む初版の本邦初訳。

初版　金枝篇（下）　J・G・フレイザー　吉川信訳

なぜ祭司は前任者を殺さねばならないのか？　そして、殺す前になぜ〈黄金の枝〉を折り取るのか？　事例の博捜の末、探索行は謎の核心に迫る。

火の起原の神話　J・G・フレイザー　青江舜二郎訳

人類はいかにして火を手に入れたのか。世界各地より夥しい神話や伝説を渉猟し、文明初期の人類の精神世界を探った名著。（前田耕作）

未開社会における性と抑圧
B・マリノフスキー
阿部年晴／真崎義博訳
人類における性は、内なる自然と文化的力との相互作用のドラマである。この人間存在の深淵に到るテーマを比較文化的視点から問い直した古典的名著。

ケガレの民俗誌
宮田登
被差別部落、性差別、非常民の世界など、日本民俗の深層に根づいている不浄なる観念と差別の問題を考察した先駆的名著。（赤坂憲雄）

はじめての民俗学
宮田登
現代社会に生きる人々が抱く不安や畏れ、怖さの源はどこにあるのか。民俗学の入門的知識をやさしく説きつつ、現代社会に潜むフォークロアに迫る。

南方熊楠随筆集
益田勝実編
博覧強記にして奔放不羈、稀代の天才にして孤高の自由人・南方熊楠。この猥雑なまでに豊饒な不世出の頭脳のエッセンス。（益田勝実）

奇談雑史
宮負定雄
佐藤正英／武田由紀子校訂・注
霊異、怨霊、幽明界など、さまざまな奇異な話の集大成。柳田国男は、本書より名論文「山の神とヲコゼ」を生み出す。日本民俗学、説話文学の幻の名著。

贈与論
マルセル・モース
吉田禎吾／江川純一訳
「贈与と交換こそが根源的人類社会を創出した」。人類学、宗教学、経済学ほか諸学に多大の影響を与えた不朽の名著、待望の新訳決定版。

山口昌男コレクション
山口昌男
今福龍太編
20世紀後半の思想界を疾走した著者の代表的論考をほぼ刊行編年順に収録。この独創的な人類学者＝思想家の知の世界を一冊で総覧する。（今福龍太）

身ぶりと言葉
アンドレ・ルロワ＝グーラン
荒木亨訳
先史学・社会文化人類学の泰斗の代表作。人の生物学的進化、人類学的発展、大脳の発達、言語の文化的機能を壮大なスケールで描いた大著。（松岡正剛）

世界の根源
アンドレ・ルロワ＝グーラン
蔵持不三也訳
人間の進化に迫った人類学者ルロワ＝グーラン。半生を回顧しつつ、人類学・歴史学・博物館の方向性、言語・記号論・身体技法等を縦横無尽に論じる。

民俗地名語彙事典　松永美吉　日本地名研究所編

柳田国男の薫陶を受けた著者が、博捜と精査により日本の地名に関する基礎情報を集成。土地の記憶を次世代へつなぐための必携の事典。（小田富英）

日本の歴史をよみなおす（全）　網野善彦

中世日本に新しい光をあて、その真実と多彩な横顔を平明に語り、日本社会のイメージを根本から問い直す。超ロングセラーを続編と併せ文庫化。

米・百姓・天皇　網野善彦　石井進

日本とはどんな国なのか、なぜ米が日本史を解く鍵なのか、通史を書く意味は何なのか。これまでの日本史理解に根本的転回を迫る衝撃の書。（伊藤正敏）

列島の歴史を語る　網野善彦　藤沢・網野さんを囲む会編

日本は決して「一つ」ではなかった！　中世史に新次元を開いた著者が、日本の地理的・歴史的な多様性と豊かさを平明に語った講演録。（五味文彦）

列島文化再考　網野善彦／塚本学／坪井洋文／宮田登

近代国家の枠組みに縛られた歴史観をくつがえし、列島に生きた人々の真の姿を描き出す、歴史学・民俗学の幸福なコラボレーション。（新谷尚紀）

日本社会再考　網野善彦

歴史の虚像の数々を根底から覆してきた網野史学。漁業から交易まで多彩な活躍を繰り広げた海民に光をあて、知られざる日本像を鮮烈に甦らせた名著。

図説　和菓子の歴史　青木直己

饅頭、羊羹、金平糖にカステラ、その時々の外国文化の影響を受けながら多種多様に発展した和菓子。その歴史を多数の図版とともに平易に解説。

今昔東海道独案内　東篇　今井金吾

いにしえから庶民が辿ってきた幹線道路・東海道。日本人の歴史を、著者が自分の足で辿りなおした名著。東篇は日本橋より浜松まで。（今尾恵介）

物語による日本の歴史　石母田正　武者小路穣

古事記から平家物語まで代表的古典文学を通して、国生みからはじまる日本の歴史を子ども向けにやさしく語り直す。網野善彦編集の名著。（中沢新一）

ちくま学芸文庫

文章《ぶんしょう》表現《ひょうげん》　四〇〇《よんひゃく》字《じ》からのレッスン

二〇〇一年二月七日　第一刷発行
二〇二五年一月十五日　第二十刷発行

著者　梅田卓夫（うめだ・たくお）
発行者　増田健史
発行所　株式会社　筑摩書房
東京都台東区蔵前二—五—三　〒一一一—八七五五
電話番号　〇三—五六八七—二六〇一（代表）

装幀者　安野光雅
印刷所　中央精版印刷株式会社
製本所　中央精版印刷株式会社

ISBN978-4-480-08612-9 C0181